教育的责任，至少有一半在父母身上。

教育需要足够的耐心、爱与包容,并用对方法,然后静待花开。

孩子注意力不集中，妈妈怎么办

杜红春 | 编著

电子工业出版社
Publishing House of Electronics Industry
北京·BEIJING

未经许可，不得以任何方式复制或抄袭本书之部分或全部内容。
版权所有，侵权必究。

图书在版编目（CIP）数据

孩子注意力不集中，妈妈怎么办 / 杜红春编著. --北京：电子工业出版社，2021.1
（教子书坊）
ISBN 978-7-121-40301-9

Ⅰ．①孩… Ⅱ．①杜… Ⅲ．①注意－能力培养－儿童教育－家庭教育 Ⅳ．①G78

中国版本图书馆CIP数据核字(2020)第258946号

责任编辑：牛晓丽
文字编辑：王欣怡
印　　刷：中国电影出版社印刷厂
装　　订：中国电影出版社印刷厂
出版发行：电子工业出版社
　　　　　北京市海淀区万寿路173信箱　邮编：100036
开　　本：720×1000　1/16　印张：11.5　字数：184千字
版　　次：2021年1月第1版
印　　次：2021年1月第1次印刷
定　　价：59.80元

凡所购买电子工业出版社图书有缺损问题，请向购买书店调换。若书店售缺，请与本社发行部联系，联系及邮购电话：（010）88254888，88258888。

质量投诉请发邮件至zlts@phei.com.cn，盗版侵权举报请发邮件到dbqq@phei.com.cn。

本书咨询联系方式：QQ 9616328。

前言 Preface

影响孩子注意力水平的不外乎四个因素：一是生理因素，二是心理因素，三是环境因素，四是病理因素。

在生理方面，随着大脑发育的逐渐完善、神经系统的兴奋和抑制过程日益平衡，大多数孩子都能做到注意力集中。而病理因素导致的注意力发展问题，则需要专业医生诊疗。大多数情况下，孩子的注意力问题都是家庭教育及环境等因素导致的。因此，对于家长来说，要想改善孩子的注意力水平，可以从心理和环境两个因素入手。这也是本书的重点。

教育的责任，至少有一半（甚至更多）在父母身上，而不是都在学校和老师身上。多数情况下，家庭教育的问题，不是父母不愿意花心力，而是父母不了解教育的方法。尤其是在改善孩子注意力水平上，父母可做的远超过学校。

孩子从懵懂无知到初谙世事，期间必然会遭遇各种各样的问题，这些问题让孩子和父母同样无措。我们可以毫不犹豫地花几千上万的学费，送孩子去各种培训机构，但实际上，我们更需要的也许只是多花点时间和精力去学习一下如何教育孩子。对于这个时代的父母来说，如何成为更好的父母，已成为必修课程。

教育是一种慢的艺术，需要足够的耐心、爱与包容，并用对方法，然后静待花开。愿本书的内容能切实帮助到你，解决你的实际问题。

目录
Contents

第一章
孩子注意力不集中，你发现了吗 　　11

先要搞清楚，什么是注意力 　　12

注意力有其自身的发展规律 　　13

看电视坐得住，那不叫注意力集中 　　17

注意力集不集中，得看这4个标准 　　20

男孩、女孩注意力分散的表现也不同 　　23

专题：担心孩子注意力不集中？这些征兆要警惕 　　26

孩子做事缺乏自信 　　26

异常安静或者非常好动 　　29

不积极参与课余活动 　　31

做作业慢 　　34

边做边玩 　　37

作业出错率高 　　39

考试粗心 　　41

上课开小差 　　44

心不在焉 　　46

丢三落四 　　47

沉迷电子产品 　　49

第二章

停，别再做这些分散孩子注意力的事 　　51

检查家里的玩具箱，那里藏着让孩子分心的诱因 　　52
孩子专注的时候，不要打断他 　　55
奉行吼叫式教育法的家长必须得改改了 　　57
不强求孩子长时间做一件事 　　60
孩子邀请你玩游戏时，不要过多干涉、强迫 　　62
多一些耐心，别急着用你的想法去改变他 　　64
给予孩子独处的空间 　　66
不能因为注意力不集中就打击孩子的自信心 　　67
避免孩子掉入"一问三不知"的怪圈 　　70
"这个字没写好，重写！" 　　72

专题：让孩子保持良好的情绪，对提升注意力很有帮助 　　74

控制不住情绪的孩子，注意力一般也不好 　　74
及时察觉孩子的情绪问题 　　77
引导孩子疏解消极情绪 　　81
控制好你的情绪，成为孩子模仿的榜样 　　84
营造温馨、无压力的家庭氛围 　　86

第三章

步步为营,让孩子成为"别人家的孩子"   91

兴趣!兴趣!兴趣!这是集中注意力的最佳起点   92

为孩子营造一个有利于专注的外在环境   96

提升自控力,这是避免孩子注意力分散的内在力量   98

培养专注力,让孩子做事更专注   101

及时反馈——让孩子持久专注的法宝   103

学会合理分配注意力,才能更好地集中注意力   107

让孩子学会给自己设定完成期限   109

参加体育锻炼有助于提升专注力   111

一次只做一件事,让孩子学会专心   114

当孩子不能专心学习时,可以这样做   116

学会在恰当的时候快速转移注意力,是个大进步   118

灵活转移注意力的好法子,赶紧试试吧   121

专题:关于惩罚不得不说的问题   123

  惩罚孩子要讲究原则和方法   123

  自然后果是不错的"惩罚"方法   126

第四章

逐个击破，拆解孩子无法集中注意力的难题   129

一玩游戏就来劲，一学习就打蔫   130

上课老走神，气得老师想挠墙   133

防止孩子上课走神，妈妈有妙招   136

做事拖拖拉拉，1个小时的作业，3个小时都搞不完   139

粗心大意，不该错的总错   142

丢三落四，不是找不到这个，就是找不到那个   144

一问三不知！妈妈心好累   147

没有耐心，做事虎头蛇尾，经常半途而废   150

学习差点还能赶，班级活动不想参加是为啥   153

专题：修炼自我，做一个和善而坚定的家长   156

想要孩子怎么做，你首先就这样去做   157

以尊重为前提，既有规矩，也有自由   158

先处理情绪再处理问题   158

坦然接受：孩子能力有差异   159

附录A 玩游戏，锻炼孩子注意力   161

第一章

孩子注意力不集中，你发现了吗

先要搞清楚，什么是注意力

无论是在日常生活中还是在学习、工作中，我们都离不开注意力，比如过马路时要看清楚红绿灯，注意往来的车辆，此时注意力就是我们的安全保障；用手机拍照时，我们需要让手机对焦并成像，此时注意力是我们能否拍到满意照片的关键；再有，领导发号施令，我们需要集中注意力，才能明白领导的需求……生活中处处都需要注意力，没有注意力，我们的生活会变得一团糟。

注意力是一种品质，也是一种能力。

那注意力到底是什么呢？

注意力是指人的感知、记忆、思维、想象等活动持续指向和集中于某一事物或对象，其中，指向性和集中性是注意力的两个基本特征。

注意力的指向性是指人的心理活动会在某一时刻指向一部分对象，而离开其他对象，表现出心理活动的选择性。指向不同，收获的信息也不同。比如，诺诺正在搭积木，他的心理活动就指向了不同的积木块、积木块之间的组合及搭建成型的积木，而不是旁边的玩具和其他事物。

注意力的集中性是指人的心理活动集中在一定的对象上，并深入下去。集中性不仅使个体的心理活动离开无关事物，而且对无关的心理活动进行抑制。还是拿诺诺搭积木的例子来说吧，诺诺正在专注地搭建自己的积木，他的心理活动集中在观察积木、思考积木组合、努力搭出自己心里构思好的那个积木形状。这时，父母喊他，他会听不到，他也不会去想餐桌上有好吃的零食。他的思维专注在积木上，这就是他的注意力。

注意力有其自身的发展规律

　　作为家长，我们需要知道，孩子注意力的发展并不是一蹴而就的。心理学将注意分为无意注意与有意注意，孩子注意力发展的特点是：从最初的无意注意，到后来渐渐过渡到有意注意，直到最终主要使用有意注意来观察世界、认识世界。一般来说，3岁是孩子从无意注意到有意注意的分界点，也就是说在3岁之前，孩子认识世界多是通过无意注意，而3岁以后，孩子更多使用有意注意来认识世界。

　　下面，我们来具体分析一下不同年龄段孩子注意力发展的规律。

0~3个月，孩子已经具备了一定的注意力

　　刚出生的婴儿，并不是只会吃和睡，他们对社会也是有感知的。比如他会有一些短暂的社交活动：当他睡醒的时候，他会敏感地察觉出周围环境的变化，隔壁装修的噪声、强烈的灯光刺激、关门声等都会对他产生刺激，会使他出现一些无条件的定向反射。

　　再大一点时，孩子对人脸、声音和色彩艳丽的图像，会比较安静地注视片刻，不过这种注意力持续的时间比较短暂。与孩子朝夕相处的妈妈还有奶瓶等也会引起孩子的注意。

　　2~3个月的孩子渐渐有了自己的喜好，比如，曲线与直线相比，他更喜欢曲线；规则图形与不规则图形相比，他更喜欢规则图形；在对称与不对称两种物体之间，他会更喜欢对称物体等。这是因为他开始有了自己的注意力，并建立了自己的喜好。

4~6个月，对周围事物充满了好奇心

4~6个月的孩子，身体运动技能已经有了一定的发展，他开始拓展自己的探索范围，他可以灵活地控制自己的头部运动，双手的抓取、触摸动作也越来越熟练，视觉也灵敏了不少。小家伙对周围的事物越来越感兴趣，充满了好奇心。这个时候，他不再局限于喜欢简单的图像、单一规则的事物，而是开始探寻比较复杂又有意义的事物。比如给他一个小咬嘴，他可以反复玩弄、撕咬很长时间。这其实是孩子的注意力正在逐渐加强。

7~12个月，孩子开始社交活动，注意力的外延不断扩展

半岁以后，孩子不再长时间处于睡眠中，他醒着的时间会更长。这个阶段，父母开始锻炼他们的坐、爬、翻身、站立等能力，小家伙的活动时间变得更长，活动范围也更广。他开始有意识地探索周围世界，并通过用手去触摸、用嘴去感受、用耳朵去倾听等来建立自己的感知，不断以此来获得新信息。孩子做这些尝试的过程，其实就是注意力的外延不断扩展的过程。值得注意的是，他的注意力还具备了记忆性，即面对熟人和陌生人，他能做出一定的选择性反应。

1岁左右，有意注意的萌芽阶段

孩子到了1岁，一般可以坐得更久，自己玩的时间也会增多，对周围事物的注意力也有所增强。我们一般认为这个阶段是有意注意的萌芽阶段。这个阶段，孩子会对妈妈手上的物品产生兴趣，甚至可以对着那样东西凝视15秒以上。如果是自己感兴趣的玩具或是游戏，他可以专心致志地持续注意1分钟左右。

2岁左右，有意注意在进一步发展

2岁左右的孩子，社交圈开始变得更广，活动能力与之前相比增强了很多，他对外界很多事物都会产生兴趣，这是孩子好奇心比较强的一个阶段。此时，孩子的有意注意已经有所发展，父母提出的一些简单要求，他们基本上可以完成。这时的孩子可以专心地听父母讲故事，也可以专心地玩一会儿玩具。这种专心做一件事的时间从1分钟增加为2分钟左右。当然，这个时候的孩子，注意力还在建立之中，一旦有外界干扰，比如有人呼唤他，或是拿另一个玩具刺激他，他的注意力就会立刻被分散和转移。

3岁左右，有意注意慢慢发展成熟

  对于3岁的孩子来说，他的注意力可以持续5分钟左右。这是因为他对周围的新鲜事物产生了强烈的好奇心，有意注意会进一步发展，但更多还是以无意注意为主。这个时候的孩子，建立了自主的意识，他会有意识地去注意和观察各种事物，对自己感兴趣的事物会格外上心，比如对自己亲手选的玩具，他会视若珍宝。而他注意力的持久性也会有所增强，比如对蚂蚁洞和蜗牛，他可以长时间蹲在一旁观察。

  随着年龄的增加，孩子的注意力不断提升，专注的时间也会越来越久。一般来说，当他长到10~12岁时，注意力已经趋于成熟，此时他可以保持注意力长达25分钟。如果对他进行有效合理的刺激，还能进一步增加他专注的时间，帮助他建立更加持久的注意力。

看电视坐得住，那不叫注意力集中

安楠在陶芝的盛情邀请下，去参加了一个饭局。

安楠推开包间的门时，看到了陶芝还有她可爱的儿子果果。安楠走到果果面前，蹲下来和果果打招呼。果果头一次看到安楠，有点胆怯。但之后发生的事情，让安楠感到有点担忧。

在等待朋友到来的期间，五岁的果果有点坐不住。果果的舅舅掏出手机，给他播放《大头儿子和小头爸爸》。当动画片播放的时候，果果就安静地坐在凳子上看动画片。陶芝对果果说："果果，你叫一下阿姨呀。"但果果完全无动于衷，眼睛一直盯着手机屏幕。陶芝对此叹气，说："哎，果果就是这样，一看动画片就自动'屏蔽'外界干扰，这么坐得住，他对电视的专注力让我有点害怕。"

其实，陶芝的担忧很多父母都有。那儿童对电视的专注是不是注意力集中的表现呢？

人的注意分为两种：有意注意和无意注意。有意注意是自觉地、有目的地集中注意力。无意注意是自然发生、没有目的和不加任何努力地注意。

一个刚出生不久的婴儿，他的注意主要是无意注意，他不是自觉地、有目的地去注意，而是会被外界的信息所影响，且该注意会因为信息刺激的强弱而起伏，强度越大，越容易引起婴儿的无意注意。

伴随着身心的发育，孩子的有意注意能力会不断发展，比如3个月大的宝宝能短暂地集中注意力去看身边人的脸、去听身边的声音。此后，随着身心的不断发展，孩子会越来越多地出现有意注意。幼儿园大班的孩子（5~6岁）已经能集中注意力15~20分钟了，小学一年级到三年级的孩子能集中注意力20分钟左右，四年级到五年级的孩子能集中注意力25分钟左右，初中生大概能集中注意力30~40分钟。孩子的主动注意能力就是这样一点点发展起来的。

在以上案例中，果果在看电视时，是无意注意占据主导，是电视的声光感官刺激将其注意力吸引过去的，不需要孩子自己付出努力去关注（这也是很多孩子一看动画片或是玩游戏就如此专注的原因）。

如果孩子长期看电视，习惯了电视的动态画面，到了幼儿园阶段或者进入小学之后，就无法做到安静地听老师讲话。

相对于被动注意，主动注意是学习中所需要的一种能力。学习相对于电视或者游戏，对孩子的刺激较小，这也是有的孩子对学习提不起兴趣的原因之一。因此，为了让孩子能更好地进入学习状态，就需要让孩子拥有更强的主动注意能力。

人的注意力都是有限的，而且儿童的注意力处于发展阶段，如果在这个过程中，孩子的注意力大多为被动注意力，那么，其能分配到主动注意力上的精力必然会减少，进而影响其主动注意力的发展，于是就会出现以下常见现象：

上课时不认真听课，容易走神；

课堂上喜欢和同学说"悄悄话"；

一首简单的七言古诗，背了十多遍还是没背下来；

英语单词总是记不住……

所以，看电视很专注不仅不能说明孩子注意力品质高，反而要引起警惕，如果没有很好地规范和引导，孩子很容易就沉迷看电视难以自拔。作为家长，要及时纠正孩子的行为，给孩子立下规矩，尽量减少其看电视的时间。

第一章
孩子注意力不集中，你发现了吗

注意力集不集中，得看这4个标准

小区的广场和儿童游乐园，是孩子和妈妈们的聚集地，经常有妈妈们围绕着孩子"成长的烦恼"展开讨论。很多妈妈都在感慨孩子注意力的问题，孩子玩游戏一玩就是几个小时，都不带分心的，但是一让孩子学习，就会出现各种注意力不集中的问题。

那么，如何评判一个孩子的注意力集不集中呢？

这里提到的注意力是指高品质的注意力，即它是个人具有的一种稳固的心理状态，具体表现为注意的集中能力、持久能力及警戒性注意能力的有机结合，即总是能够在需要注意的场合下完成注意任务，而不是指在某一特定情况下维持的良好注意力。

为了让大家更好地理解这个概念，我们举个例子说明。

5岁的涛涛是一个患有多动症的孩子，他在看自己喜欢的动画片《托马斯和他的朋友们》时，就非常专注，能认真地看完整部动画片，完全不受干扰。在这样的情况下，是否就能判定涛涛的注意力很集中呢？显然，我们不能根据涛涛在特定条件下的注意力来判定他的注意力品质。因为他是一个患有多动症的孩子，而多动症孩子的注意力基本处于涣散状态。

那么，目前判断孩子注意力品质的标准是什么呢？各位家长可以对照下面4个标准，看看你家孩子是否具有高品质的注意力。

迅速进入注意状态

所谓迅速进入注意状态，指的是孩子开始做一件事情时，就自主进入专注状态。例如，放学回到家，一坐在书桌前，就能安静地拿出课本和习题集，开始认真做作业。又如，在学校，当上课铃响的时候，能在座位上坐好，安静地等待老师来上课，上课时不需要老师提醒就能专心听课。

反之，如果孩子上课喜欢东张西望，老走神；或者回到家让做作业，一会儿说渴了，要去喝水，刚喝完水，没坐几分钟，还没做完两道题，又说饿了，要吃点零食，半小时内安静坐下写作业的时间总共不超过10分钟，这就属于无法迅速进入注意状态，说明孩子的注意力品质不高。

排除干扰

注意力品质高的人，专注地做一件事时，不易受外界干扰。例如，上课时，即使坐在靠窗户的位置，楼下操场有其他班的同学在上体育课，也不会影响孩子听课；在家坐在书桌前做作业，楼下有小朋友在玩游戏，也不影响做作业。反之，上课只要有人经过教室门口，就能走神好几分钟；在家中写作业，听到楼下其他小朋友在玩游戏，就趁父母不注意，跑到窗边一脸羡慕地看别人在楼下玩耍，或者悄悄走到门口，偷偷看客厅的电视，这就是注意力容易分散的表现，说明孩子的注意力品质不高。

快速反应

课堂上，经常有一些孩子在老师提出问题之后，会非常积极地举手回答；也有一部分孩子根本没有跟上老师的授课节奏，不知道老师在说什么，所以从不积极主动举手发言，偶尔被老师点名起来回答问题，也是半天答不上来。同一个班的学生，老师布置了作业难度低的习题，有的孩子半小时内就完成了，而有的孩子则要两三个小时才能完成。这一方面说明孩子在上课的时候可能没有认真听课，无法对问题做出快速反应；另一方面说明孩子做作业的时候没能集中注意力，无法排除干扰，不能迅速进入注意状态。

及时转移注意力

能否及时转移注意力是衡量孩子注意力品质的标准之一。

如何判断一个孩子是否能快速转移注意力呢？举个例子，在一个班级里，有的孩子课间休息时可以和同学一起聊天，玩得很开心，但是一旦听到上课铃响了，就知道应该安静下来了。等老师走上讲台上课，他很快就能专注听课，不再沉浸在课间的欢乐之中。相反，一个班级里同时也会有这样的孩子，若在课间休息时与同学聊到感兴趣的话题，当上课铃响时仍然"刹不住车"，一直沉浸在课间所聊的话题中，甚至连老师走进教室都没有发现。前者就属于注意力品质高的表现，而后者的注意力不能及时转移，说明注意力品质不高。

以上是4个衡量孩子注意力品质的标准，各位家长可以对照一下，看看孩子是否达到以上标准。如果孩子做到了以上4点，那么恭喜你，孩子具有高度集中的注意力。具有高度集中注意力的孩子，在做任何事情时都能排除外界干扰，整个身心都沉浸其中。这样的孩子一般学习成绩比较好，在其他方面也容易取得佳绩。

假如孩子还有一两项没有达到，也不必灰心，只要及时进行纠正，就能逐渐提升孩子的注意力品质。

男孩、女孩注意力分散的表现也不同

在大部分人的印象中，小男孩都属于"淘气包"，在学校惹事、捅娄子的常常是男孩；而女孩则大多数是安安静静、乖乖巧巧的。男孩与女孩在行为表现上的差异，要从生物学上进行解释。

在人脑中有一种可以调控情绪的物质，叫作多巴胺。多巴胺的分泌能够增加人的冲动、冒险行为，使人处于亢奋状态。当血液流经小脑时，多巴胺会刺激小脑调控人的行动。研究表明，男孩血液中的多巴胺含量要比女孩高，这就是男孩通常比女孩好动的原因，也是男孩在久坐的状态下不如女孩子学习能力强的原因之一。

我们通过以下两个案例来进一步了解一下男孩、女孩生理上的不同对其注意力品质的影响。

淘气包马晓晟

马晓晟的父母都是机关单位的公务员，父母对马晓晟的期待就是长大后成为一个儒雅博学之人。但是从上幼儿园开始，马晓晟就是个让老师头痛的孩子。老师上课时，大家都安静地坐着听老师讲课，马晓晟却坐不住，一直在教室里乱跑。有时候老师会放动画片给同学们看，马晓晟对此似乎没有任何兴趣，在教室里走来走去，甚至在大家午休的时候大声喧哗，影响其他同学午休。为此，老师曾经多次向他的家长"告状"，马晓晟的父母也为此感到头痛。

乖乖女李慧慧

　　李慧慧是三年级的学生,是父母和老师眼中的乖乖女,在家听父母的话,主动帮父母做家务,能自主完成作业;在学校上课认真听讲,不与同学交头接耳,不搞小动作,但是学习成绩一直不理想。据老师反馈,李慧慧上课看似很认真,但每当老师点名让她站起来回答问题时,她总是一脸茫然,答非所问。这样一个父母和老师眼中的乖乖女,为什么学习成绩却一直上不去呢?

　　马晓晟的调皮捣蛋除了与男孩子体内的多巴胺分泌有关,还与哪些因素有关呢?

　　从生理学上分析,这还与大脑中的胼胝体及血流量有关。胼胝体是连接左右脑的纤维,就像一座桥梁一样,沟通着左右脑的信息。男孩的胼胝体通常没有女孩的发达,因此女孩在处理左右脑交叉信息方面的能力通常要高于男孩。所以李慧慧能够在同一时间完成多项任务,并且保证质量。但是作为男孩的马晓晟在这方面就不如李慧慧。男孩往往在一段时间内只能做一件事。所以,"淘气包"马晓晟对家长的话充耳不闻。

同时，流经男孩小脑的血量更多，小脑更活跃，也就更爱动，导致男孩在课堂久坐学习上表现不如女孩。比如案例中的马晓晟就常常破坏课堂纪律。

接下来，我们再来看看，明明马晓晟和李慧慧都是智力正常的孩子，为什么却在学校状况百出呢？其实，他们都存在着一个共同的问题——注意力不集中，只是因为性别差异而表现不同罢了。

男孩马晓晟活泼、好动，对周围一切充满好奇心，因此注意力不能很好地集中；而女孩李慧慧内向、安静，注意力品质也不高，对所有事情的反应都慢半拍。

针对男孩与女孩的生理差异造成的不同类型的注意力分散，家长们在培养孩子注意力时应该做到因材施教，而不是一味要求孩子安静学习。

从生理学上说，由于女孩大脑中的额叶也要比男孩发育早，蕴藏着更加强大的神经连接，所以女孩在听力与复杂的记忆存储能力方面优于男孩，对文字内容更容易接受，更能够消化吸收老师的讲课内容；而男孩对声音则没有那么敏感，而且容易冲动，相对于老师单纯地、长时间地用语言教授知识，男孩更偏爱有顺序、分层次的信息。因此，在培养孩子注意力时，要注意男女有别。

对女孩的注意力训练，应从加强听觉、思考训练入手，因为大部分女孩对文字敏感，因此可为她提供稳定的学习环境，提供感性的学习方法；男孩逻辑思维能力较强、好动，应为其创造相对活跃的学习氛围，为他提供理性的学习方法，如手脑并用、辅助运动等。

当然，这只是一般情况，不排除有特殊情况，因此家长应结合孩子的性格及表现进行注意力培养。

此外，鉴于个体生理发育水平及后天因素的影响，同一年龄段的孩子，也会存在注意力水平的个体差异。

总之，父母在发现孩子存在注意力分散的问题时，要根据孩子的特点，采取相应措施予以纠正，从根本上解决问题。

专题 | 担心孩子注意力不集中？这些征兆要警惕

孩子做事缺乏自信

在孩子的成长过程中，家长经常会感到疑惑：怎么我家的孩子变得越来越没自信了？是我做错了什么吗？我们来看看下面这个案例。

> 诚诚妈妈下班后的第一件事就是冲往学校接诚诚，紧接着就赶往超市以最快的速度买好菜，再赶回家给诚诚做饭，每天过得跟打仗似的。
>
> 回到家后，妈妈在厨房里忙碌着，诚诚走到厨房满怀期待地对正在忙碌的妈妈提出要求："妈妈，我想喝牛奶。"围着锅碗瓢盆转的妈妈此刻有点急躁，说道："你这孩子怎么回事儿，马上就要吃饭了，你喝了牛奶，待会儿还能好好吃饭吗？我看你这是在给自己晚上不吃饭找借口。"
>
> 听到妈妈的责骂后，诚诚委屈地离开了厨房。诚诚其实只是饿了，想喝点牛奶，没想到却被妈妈责骂了一番。
>
> 转眼到了周末，妈妈问诚诚："这周末你想去哪儿玩呢？"诚诚心里的想法很多，想去动物园，想去游乐园，也想去科技馆。但是他不知道如何开口跟妈妈说，于是他只能摇摇头。
>
> 看着孩子飘忽不定的眼神，诚诚妈妈感到很困惑，这孩子怎么都不吭声呢？看起来一点都不积极，而且还不自信，该怎么帮助孩子？

其实，从以上案例可知，诚诚做事缺乏自信是因为他向妈妈提出的需求没有得到认真对待，这会让他因为自己的需求不被重视而失去信心。

另外，妈妈在征求他的意见时，并没有给他选择范围，而是很笼统地问他"你想去哪儿玩"，这样也会让孩子无从选择。如果妈妈这么问诚诚："你想去动物园还是博物馆？"给他具体的选择范围，让他自己做出选择，则会增强他对自己的信心。

总体来说，孩子做事缺乏自信的原因有很多，其中有孩子自身性格、环境、家庭教育等因素的影响，在此我们不做具体分析。但怎样使孩子主动做事、提高自信心是我们需要考虑的问题。

● **尊重孩子的意愿，培养孩子自主动手的能力**

一个孩子在成长过程中，会受到各种因素的影响，并在一定教育下和自身实践活动中逐渐形成自己的个性。家长要培养孩子做事的自信，应在尊重孩子意愿的前提下，结合孩子的性格进行考虑。不妨让孩子从身边的小事做起，例如，让孩子自己整理房间、收拾书包等，使孩子逐渐养成主动做事的好习惯。

● **关注孩子的需求与兴趣爱好**

培养孩子做事的自信心，家长可以从孩子最感兴趣、最容易引起他们注意的事情入手。让孩子独立完成自己感兴趣的事情，从中获得成就感。然后逐步扩展到孩子能接触到的其他事情，进而使孩子养成做事始终如一的好习惯。

● **培养孩子做事的目标性**

俗话说，"习惯成自然"，养成好习惯，能够让孩子更容易地做好每件事情，从而增强孩子的自信。

要让孩子养成好习惯，在每一件小事中获得自信，家长不妨根据孩子的年龄特点，在孩子做事时给他设立一个难易程度适中的小目标。在孩子做事的时候要以多多鼓励、表扬为主。例如在孩子做事之前，家长说："我相信你一定能做到。"在孩子成功以后，说："你果然做到了，真了不起。"从孩子学步时起，就要注意给予肯定和鼓励，但要避免不符合实际的夸奖。

适当给予启发、引导并加以帮助，能促使孩子顺利完成自己的小目标。

● **家长以身作则，培养孩子持之以恒的态度**

　　父母是孩子的镜子，孩子是父母的影子。想要孩子树立持之以恒的态度，家长就要以身作则，即答应孩子的事情要做到。当父母以身作则，努力做好每件事时，孩子就能耳濡目染，从小养成认真做事的良好习惯。

● **培养孩子的责任心**

　　可适当交付一些事项给孩子去办，比如根据孩子的年龄，给孩子列一个购物清单——学龄前儿童可列两三项物品，学龄期儿童则可根据具体年龄进行调整——让他帮忙去买。当孩子完成这一项任务后，应立即对他进行表扬。孩子有可能没有购齐物品，或者有可能买错物品，遇到这种情况，家长不要指责孩子，而要对他积极完成任务给予肯定，再告诉他购买东西时如何做能避免出现错误，然后下次继续交任务给他。

● **鼓励孩子多参加一些游戏活动**

　　孩子的成长过程犹如小树苗的成长过程，需要辅助和引导。孩子的可塑性很强，只要家长积极引导，他们就会健康快乐地成长。

　　参与游戏活动对孩子很有益处，在游戏活动中获得的成就感及来自家长的鼓励，能增强孩子的自信心。因此，家长可以鼓励孩子参加一项或几项体育锻炼，并创造条件，带领孩子多参加一些户外活动，如旅游等。

　　孩子的成长过程需要家长的鼓励。家长首先应该成为一个好的倾听者，对孩子的想法认真倾听，同时发现孩子的优点，帮助他扬己之长，鼓励他勇敢尝试，尽可能帮助他实现梦想。

异常安静或者非常好动

在孩子的成长过程中，家长经常会感到疑惑：怎么我家孩子变得越来越没自信了？是我做错了什么吗？我们来看看下面这个案例。

> 早上，宇鑫妈妈还在上班路上，就收到班主任梁老师发来的"投诉"信息，她点开信息，看到了一张图，图上宇鑫手里拿着一个卷成棍状的报纸，注意力全都集中在这根"棍子"上。宇鑫妈妈很疑惑，这孩子是拆了学校的门还是破坏了学校的公共设施？宇鑫妈妈问老师，是不是宇鑫在学校惹了什么事。老师说：这孩子上课不认真听讲，东张西望，还把学习报卷起来当棍子玩。
>
> 在老师眼里，宇鑫就是一个"问题"儿童。
>
> 与宇鑫妈妈遇到相似问题的还有王炯妈妈。王炯刚上一年级，一天上语文课的时候，老师正在讲课，王炯突然在课堂上大喊大叫。经过老师制止后，他才安静下来。老师把这件事告诉了王炯妈妈，放学回家后，王炯妈妈教育了王炯一番。过了几日，王炯妈妈问老师王炯这几天表现如何。老师说，王炯上课时不吵闹了，变得很安静，但也没有认真听老师讲课，完全不知道老师在说什么。

宇鑫妈妈和王炯妈妈所遇到的困惑很多家长都遇到过，但是很多家长认为，孩子注意力不集中只是因为孩子还小，长大后就会好转。

注意力不集中的孩子，从医学角度来说，是因为他们调节中枢神经兴奋水平的能力不足，导致他们的大脑难以对每个任务、每个行动产生所需的最佳兴奋状态，从而导致自我控制能力较弱，具体表现为孩子好动不安，或者异常安静。

确实，孩子在5岁以前注意力容易分散是正常现象。但是，只要家长通过科学的方法锻炼孩子的注意力，孩子是能够专注地做某件事情的。

那如何矫正孩子异常安静或好动的行为，培养其良好的注意力呢？

● 先了解清楚情况，再进行针对性的调整

当老师跟家长反映孩子在学校上课表现为异常安静或非常好动时，家长切忌劈头盖脸就是一顿批评或打孩子。这样不仅会伤害孩子的自尊心，让孩子变得没有安全感，还会让孩子在内心产生抵触情绪，不愿意和家长沟通。

这时候，家长首先要做的是和孩子沟通，看看是否是家庭和学习环境造成的以上现象。如果孩子注意力不集中，还伴随着多动、冲动，家长要警惕孩子是否患有多动症。

● 利用马达法，学会训练孩子的听话能力

家长可以给孩子安排三四件事，并安排好做事的顺序，告知孩子首先做什么，其次做什么，最后做什么，观察孩子是否能按照顺序完成。

我们在做不同的事情时，内心的"马达转数"不一样，假如在睡觉时转数是一，在做作业的时候转数可能是二或者三，那在运动或玩游戏的时候，转数可能就会达到五。将转数应用到日常生活中，并向孩子解释，在生活中，针对不同的任务或者活动需要启动不同的转数。

● 让孩子参加体育类或者棋类活动

安静的孩子，应多鼓励他参加体育活动。跑跳或者球类运动能调动孩子积极性，让他积极参与其中，能让孩子的活力得到释放。对于非常好动的孩子，家长则可以选择用棋类这种需要安静思考的游戏，让孩子学会静下心来。

● 小游戏，训练孩子的注意力

一些需要手眼并用的精准活动来改善肌肉紧张度及协调性，让孩子可以通过学会调节中枢神经兴奋水平，以确保他不走神，将注意力更好地集中于某项任务上。

（1）"左右开弓"游戏：双膝交叉，抬左腿，用右手去碰左膝盖，再抬右腿，用左手去碰右膝盖，反复训练。

（2）"抛小球"游戏：抛接训练要使用一到两个小袋子或小球练习抛接，还可以用小袋子或小球耍杂技。

可以鼓励孩子在开始做作业或者在进行耗费脑力的活动之前做这些小游戏，进行注意力训练。

不积极参与课余活动

陈旭是二年级的学生。周末，家委会策划了一次到周边的一个景点郊游的活动，活动要求家长和孩子一同参加，以增进家长和孩子之间的感情。

陈旭得知这件事后非常不开心，他心想，好好的周末，为啥非要去郊游，在家待着多好啊，可以玩自己喜欢玩的电子游戏。于是他央求妈妈说："妈妈，这周末的活动咱们能不参加吗？"

妈妈问道："为什么呢？是因为你不喜欢这次的活动形式还是有其他原因呢？能告诉妈妈吗？"陈旭挠了挠头，说："我不喜欢这个活动。"

妈妈接着问道："除了不喜欢，你还有什么担心的吗？"

陈旭说："我也不知道。"

妈妈说："那我们来玩个游戏吧，游戏结束之后，你再决定是否参加这次的活动好吗？"

陈旭好奇地问妈妈："是什么游戏？"

妈妈说："这是一个很有趣的游戏，游戏的名字叫'滚蛋吧，无聊讨厌鬼！'"

接着妈妈拿来了一张纸，在上面画了一个小男孩，他站在一棵树下，在另外一边画了一个幽灵似的讨厌鬼。

妈妈说:"这个小男孩就是你,然后你要和讨厌鬼开始战斗了,战斗规则是讨厌鬼是个不喜欢出去玩的小孩,小男孩是一个喜欢出去参加各种活动的孩子,只要小男孩写出足够多的理由来说服讨厌鬼,那么他就赢了。现在妈妈扮演讨厌鬼的角色。咱俩比比看谁能赢。"

于是,陈旭和妈妈之间的"战斗"开始了,原本非常排斥参加课余活动的陈旭在和妈妈的"战斗"中暗暗较劲,妈妈也不甘示弱,双方都在努力说服对方,不知不觉,陈旭获胜了。

陈旭看着自己写的内容,惊讶地说:"原来参加课余活动那么好玩啊。我自己怎么没发现呢?"

妈妈笑着说:"那周末的活动咱们还参加吗?"

陈旭说:"参加,我要去体验一下,看看是否和我想的一样呢!"

在上述案例中,陈旭妈妈稍微花了点心思设计了一个游戏,引导并激发了孩子参加课余活动的兴趣。对于孩子而言,积极参加不同形式的课余活动,可以让其拥有多样的经历和体会,这对他以后的心理状态有较大的影响,积极有趣的课余活动可以促进孩子社交能力的发展。

自主决定和自由规划课余活动并积极参与其中,可以帮助孩子顺利完成与其年龄相符的各项任务。假如孩子在自己安排的课余活动中,对游戏具有持久的兴趣,还对游戏有自己的想法,那么他不仅能在课余活动中获得乐趣,同时还能释放压力,保持身心健康。另外,孩子在课余活动中投入的精力,还有利于提高孩子的综合能力,发挥孩子的优势。

那家长如何才能引导孩子积极参加课余活动呢?

● **严格控制孩子使用电子产品的时间**

现在，由于网络的发展，电子产品层出不穷，很多孩子刚出生就开始接触电子产品，过度使用电子产品容易导致孩子缺乏运动，同时也会降低孩子的自我感觉，使孩子产生孤独感和社交不安全感，以及导致注意力不集中。

因此，为了控制孩子使用电子产品的时间，家长可以和孩子签订协议，根据年龄段和作业量来规定每天接触电子产品的时间及内容。具体可以参考下表：

各年龄段孩子使用电子产品履约表

年龄段	接触电子产品时间建议	实际使用电子产品时间	可接触的内容	是否守约	未守约的惩罚	守约的嘉奖
4~5岁	不可接触					
6~8岁	30分钟					
9~13岁	45分钟					
14~16岁	60分钟					
17~18岁	90~120分钟					

● **跟孩子一起做个活动摇奖箱**

家长可以利用废弃的纸箱，做成抽奖箱，纸箱里可以放入一些游戏纸条，写上一些可以独立完成的户外游戏：荡秋千、跳绳、打沙包、搭小木屋、打篮球、玩蹦床、吹泡泡等。也可以放入一些需要朋友协助完成的户外游戏。

● **有规律地开展课余活动**

家长可以充分利用每周五晚饭前的时间，和孩子商讨如何度过周末时间，例如和孩子一起去户外踢球、骑自行车、玩滑板、游泳、打篮球等，或是与孩子一起尝试新鲜的事物，与孩子一起参加社会活动。让参加课余活动成为孩子的习惯，让孩子接受课余活动是生活的一部分。

积极参加各种课余活动，不仅可以让孩子的生活多姿多彩，还对孩子的心智水平和社会能力的提高均有帮助。孩子在活动中展现自己的能力和特长，能增强孩子的自信心，让他获得同龄人的认可，有利于孩子融入集体生活。

做作业慢

　　一提到做作业的效率，不少家长都有倒不完的苦水。有的孩子做作业看似认真，但是效率很低，每天晚上要从七点写到十点，作业才能勉强做完。这还只是小学低年级阶段，要是到了高年级，该咋办？

　　洋洋就是一个典型的例子。

　　每天晚上吃完饭，洋洋稍做休息，就回到自己房间的书桌前开始认真写作业，但是半小时就可以完成的作业洋洋每次都要花上一小时来完成。好几次洋洋妈妈都担心洋洋是不是边写作业边玩，所以导致作业完成得慢。后来经过仔细观察，才发现洋洋写作业的时候并没有边玩边写，他只是单纯的做作业效率低而已。

　　为此，洋洋妈妈很着急。她知道洋洋已经尽力去做这件事了，但效率确实很低，那如何才能帮助洋洋纠正这个习惯呢？

　　其实，孩子做作业慢，你可以试试这么做。

● 1分钟数字训练法——哇，原来一分钟可以做那么多事

　　如果你家的孩子做作业慢，不妨试着训练孩子在一分钟内快速地从0写到9，看看孩子一分钟能写几组。可以每次练习3~5分钟，每次以1分钟为一个训练周期，然后休息30秒，再继续进行。

　　经过一段时间的训练，你会发现，孩子对时间有概念了，明白了时间的宝贵：原来一分钟可以做很多事情。同时孩子的书写速度和做题速度也明显提高了。在这个训练过程中，家长要肩负起记录孩子成绩的责任，并对其进行对比，一般以一星期为时间节点进行对比分析为宜。

● 多一些表扬，多一些耐心——每个孩子都是聪明的

　　俗话说"良言一句三冬暖，恶语伤人六月寒"。你的一个小小的鼓励与肯定，能给孩子灌注满满的信心。当看到你家孩子做作业慢的时候，不妨试试鼓励这一招！

● 适当运用夸张的语言

　　当孩子在你规定的时间内，例如1~2分钟内完成了你布置的一定量的简单算术题后，你不妨试试用非常震惊的夸张语气称赞他："哇，你真棒啊，不到两分钟就完成了这些题目。"

　　另外，如果孩子在日常生活中的一些表现比之前好了，也记得要及时表扬，但切记，表扬的时候不要提到孩子不足的地方。

　　例如，某一天早上，孩子出门的速度比平时快了，你应该开心地对孩子说："哇，今天你的动作很快呢，表现真棒！"

　　而不是说："宝贝，你今天出门的速度很快，如果你写作业的时候也能这么快那该多好呀！"

　　以上两种语言表达习惯，你可以好好感受一下，前者语气中是满满的肯定与爱，而后者除了肯定，还对孩子的不足之处提出了建议。这样很容易让孩子产生压力，只感受到父母对他的不足之处所提出的要求，而忽略了父母对他的肯定。

　　因此，通过单纯的就事论事来表扬你的孩子，会激发孩子内在的动力。

● 慎用！孩子在规定的时间内没完成作业，家长要学会及时叫停

对于家长而言，每天在孩子吃完晚饭后开始做作业之前，需要先看看老师布置的作业量及作业的难易程度，再根据孩子所处年龄段的注意力发展规律，给孩子规定完成作业的时间。规定好时间后，就让孩子独自完成作业，时间一到，即刻提醒孩子停笔。如果孩子没有在规定的时间内完成作业，他们的内心会有愧疚感，同时担心第二天会被老师批评。为了消除孩子的疑虑，家长可以在第二天提前一点时间叫醒孩子，让他把没完成的作业补完。

这也是给孩子一个"台阶"下，同时让他明白，完不成任务，是要付出代价的，让他今后养成按时完成作业的好习惯。

有的家长会担心，假如孩子每次都是如此，每天都是第二天早上起来补作业，那可怎么办？

在此方法实施过程中，假如孩子超过三次出现第二天起来补作业的情况，家长要及时停止允许其第二天补作业的行为，让孩子去承担完不成作业的后果。

不过，家长要慎重使用这一招，在规定完成作业的时间时，要充分考虑作业量和难易程度。

最后，孩子做作业磨蹭时，不可一味地在旁边催促，这样只会让孩子更紧张，完成作业的速度更慢。多一些耐心，多一些积极的鼓励和肯定，善于发现孩子的进步，同时多让孩子做一些提升速度的训练，让孩子体会做事快带来的成就感，孩子在完成作业的速度方面自然就有所提升了。

边做边玩

梓怡今年刚上一年级。一提到晚上监督梓怡做作业，梓怡妈妈就有一肚子火。梓怡妈妈说，监督梓怡做作业简直就是一大"酷刑"，本来半个小时可以完成的作业，她偏要拖延到一个小时才完成。

一天下午放学回到家里，梓怡刚坐在书桌前不到15分钟，就开始找各种借口逃离："妈妈，我要喝水。"妈妈把水端到书桌前给她喝，喝完之后，没到10分钟，她又说："妈妈，我忍不住了，我要先去趟厕所。"梓怡妈妈心想，水也喝了，厕所也去了，这下可以好好写作业了吧。

看到梓怡安心回到书桌前，认真地开始做作业，梓怡妈妈离开了房间。眼看一个小时过去了，梓怡妈妈走进房间，看到梓怡的作业还没写完，正拿着橡皮擦在玩呢，妈妈忍不住对梓怡发火了："你作业写不完，今晚就别睡了！"

梓怡被妈妈突如其来的怒火吓到了，于是在妈妈的威严之下，老老实实地完成了作业，但内心却感到很委屈。

边做作业边玩，并不是特例，很多和梓怡差不多大的孩子都存在这样的问题。为什么半小时就可以完成的作业，梓怡却一个小时都没有完成，最后在妈妈的"威胁"下才肯完成。这其实就是注意力分散的一种表现。

针对孩子做作业时边玩边做的行为，我们应该如何进行纠正呢？

首先，我们必须从梓怡的年龄及注意力发展的规律来分析。小学一年级属于低年级阶段，处于这一阶段的学生注意力集中的时间短，易受到外界因素干扰，且自制力不强，因此容易注意力分散，主要表现为边做作业边玩。

家长除了口头提醒孩子要集中注意力完成作业，还需要帮助孩子提高自身自制力，主动完成作业。但对于自制力薄弱的孩子而言，只要父母一不监督，孩子就会沉浸在边做作业边玩的状态中，造成行动拖拉，效率低下。

究其原因，造成低年级孩子边做作业边玩的因素主要有以下三点。

- **年龄原因**

低年级的孩子注意力集中时间短，一二年级的孩子，一般在课堂上的注意力集中时间为20分钟，虽然孩子也明白自己的任务是认真听课，也能感知到自己的注意力分散了，但由于缺乏恒心和毅力，即使经过纠正也很难坚持下来，会反复出现注意力分散的问题。加之如果之前有过失败的经历，孩子会很容易放弃。

- **儿童的想象力丰富，记忆力强**

这个阶段的孩子想象力丰富，即使面前摆放一块橡皮，他也能津津有味地玩上一个小时，而忽略了自己要做作业的事。

- **孩子自制力差**

孩子容易被外界的事物吸引，有时候明知道自己这么做是错的，但是为了多玩一会儿，他们会想尽办法找各种理由来达到自己的目的。

想要让孩子改掉边做作业边玩的习惯，家长们不妨从以下几方面入手。

试着改变你的态度，给予孩子信任

面对孩子边做作业边玩的不良习惯，很多家长都抑制不住内心的怒气，对孩子怒吼，殊不知这样不但无济于事，还会影响孩子的心理健康。因此不妨改变你的语气，试着和孩子做个约定。

例如，在孩子开始做作业之前，妈妈可以和蔼地说："今天咱们来做个约定好吗？首先妈妈是相信你的，你完全可以专心地写作业。同时妈妈还要告诉你，把重要的事做完了，你会玩得更开心！今天咱们就试试！看看你认真做完作业后的玩耍时间是不是比昨天多了一点点呢？"

信任和正确的引导，可让孩子把注意力集中到做作业上。对待孩子，爸爸妈妈应该多一些耐心，在孩子还没有养成专注做事的习惯时，应该给予他们信任，增强他们的信心，让孩子集中精力做事。

给孩子设定完成作业的时间

家长根据孩子作业的难易程度及题量，给孩子预估完成作业所需要的时间，然后与孩子约定完成时间。要想孩子养成专注的习惯，首先要相信他能够做到。然后对他进行训练，让他体验做事的效率。最后，让他尝到有效做事的甜头，即他有了更多的时间做其他喜欢做的事。

帮助孩子尽早地学会认识时间，避免我们替他看时间。只有孩子学会有意识地自己看时间，才能学会管理自己的时间。

作业出错率高

> 张凯是小学二年级的学生，每天晚上写完作业，妈妈都会坐在旁边帮他检查数学作业。每次检查作业张凯妈妈都告诉自己，一定要有耐心，不要动气。但是一看到张凯的作业出错很多，就控制不住怒火。有些题目前两天刚纠正过，今天还是答错了。张凯妈妈为此感到很头痛。
>
> 张凯妈妈和班上其他同学的家长交流时，家长们反映自家的孩子也会出现这样的情况，那么，家长要如何纠正孩子写作业频频出错的问题呢？

首先我们得知道问题出在哪儿，才能对症解决问题。孩子写作业频频出错，除了自身对学习内容的理解不足，最重要的一个原因就是注意力不够集中。众所周知，注意力的稳定性和分配能力是影响学生学习效果的重要因素，而计算过程需要逻辑思维缜密，需要学生高度集中注意力，但是中低年级学生恰恰不能持久集中注意力，很容易被一些外界因素干扰而分散注意力。

那在孩子成长过程中，家长要怎么做才能帮助孩子提高做作业的正确率呢？

● 好习惯胜过好老师

孩子写作业出错，很多家长归因于粗心，其实这与孩子的学习习惯有很大关系。家长可以通过帮助孩子建立良好的学习习惯来改善这个问题。例如，在解答数学题时要有使用草稿本的习惯，同时草稿本上的解题步骤也要规范，久而久之，孩子就会形成良好的学习习惯，做作业的出错率也会随着好的学习习惯的形成而降低。

除了使用草稿本，家长可以让孩子将错题整理成一个错题集，每天做完作业之后进行巩固练习。通过多次强化性训练，可以有效纠正错误。同时提醒孩子注意细节，这样孩子能很快意识到细节的重要性。

● 不做包办型家长

很多学校要求学生做完作业之后由家长进行检查并签字。有的家长对此非常重视，会将孩子的作业全都认真检查一遍，如有错误就及时帮助孩子改正。虽然家长是做到了尽职尽责，但是无意中养成了孩子的惰性和依赖性：将作业当成任务，只要完成就可以了，至于正确率如何，根本不关注。因为只要一写完作业，把作业摊在书桌上，自然有爸妈帮忙检查和纠正错误。久而久之，由家长一手包办检查作业任务的孩子就会失去自己检查作业的机会和能力。

那如何避免这样的情况呢？家长不妨在孩子完成作业之后，教会孩子如何自己检查作业。对于低年级的孩子而言，家长可以先给孩子做示范，然后慢慢让孩子参与其中，例如在检查算术题时，要让孩子看清运算符号、数值等。

● 试试"数学听力法"

数学听力法，其实就是用数学题以考察听力的形式来训练孩子的注意力。此方法可用于孩子完成作业之后，每天花5分钟的时间来进行游戏。先要制订好游戏规则。例如，随机念几个数字，然后让孩子按照从小到大或从大到小的顺序排列数字，要求在1分钟内完成。

数学听力法很有趣，同时又能充分调动孩子眼、耳、口、手、脑等器官的协调性，训练孩子的注意力。

考试粗心

周迪是小学三年级的学生，平时在数学考试中基本都是考满分。而且每次考完试，必定会给妈妈打电话汇报这次考试的情况。

转眼间又到了期中考试，周迪妈妈和同事说："今早考数学，我儿子到现在都没给我打电话，估计是这次考试出了差池。"

果不其然，到晚上的时候，数学老师将试卷批改的情况截图发到了班级群里，家长们炸开了锅，纷纷讨论这次考试。周迪妈妈看到周迪的考卷截图后，内心的怒火立即蹿了起来。周迪的考卷上居然有那么多失误，而且不少是因为粗心造成的，比如小数点忘记写了、忘记进位了等。

每当试卷发下来，看着那一个个鲜红的"叉"，老师、家长和孩子心里都特别不是滋味。

为什么孩子在考试时总在最简单的地方出错、重复犯一些低级错误，不是看错题就是算错题、写错答案？除了粗心，难道就没有其他原因了吗？其实，孩子考试粗心背后的原因有很多，总体来说，主要有以下两点。

● 对知识掌握的熟练度不够

很多家长认为，孩子考试粗心，是态度问题，只要端正态度了，就能够改正。其实，粗心也是孩子没有熟练掌握知识点的一个表现。因此，当孩子考试出错时，要考虑通过加强孩子对知识点的掌握程度来进行纠正。

孩子之所以在考试中成批出现同类错误，是因为没有正确理解知识点的概念，甚至错误理解了知识点。在考试的有限时间内，需要快速提取大脑中的记忆，孩子正因为对概念模糊不清，才导致考试出错。

如何才能纠正这一行为呢？最简单的方式是要求孩子写下每道题的解题过程，或者试着让孩子讲解题目，如果他能讲清楚，就表示他确实理解了。

● 学习习惯不良

孩子不良的学习习惯主要表现为：做作业注意力不集中，一边玩一边做；做算术题从来不打草稿；做作业不认真审题；做完作业不检查，或者就算检查也发现不了错误。

针对这一情况，家长可以通过日常生活中的点滴细节来进行纠正，例如通过读书、下棋、学习乐器等方法训练孩子的注意力，培养孩子独立思考的习惯以及对生活的求知欲。

家长可以通过下面这个小测试测一测孩子粗心还是细心、学习效率高还是低。

关于小测试的要求

1.给孩子进行粗心测试,小学1~3年级的孩子应于6分钟内完成，4~6年级的孩子应于4分钟内完成，勿超时，否则影响测试成绩。

2.从开始一直到做完为止，中间不能停顿。

3.本测试不属于全面学习能力测试，测试成绩仅供参考。

测试题一：找同类

测试方法： 从数字行中把所有的8338找出来，并在其下方画上线。

测试评分： 找出一个8338，得1分。例如，找出20个8338，则得20分。

8338　8883　8338　3388　8383　3838　8338

8383　3838　8338　3883　8338　3838　8338

8338　8383　3838　8338　8383　8383　8338

8383　3838　8338　8338　3888　8833　8338

8383　8338　3838　8338　3388　8338　8338

8338　3388　3883　8338　8338　8383　8338

8338　3883　8338　8338　8338　8338　8338

测试题二：找数字

测试方法： 下面每行中都有一些两两相邻、其和等于11的成对数字，在每对相加等于11的数字下面画上线。例如，879<u>56</u>367<u>83</u>26<u>92</u>

测试评分： 每答对一对数字，得1分。例如，答对30对，则得30分。

6548654839847389647467647924688<u>39</u>256983
458921036347389574869012856783328746156
201299655566298741392878642865491836529
837748992121203654211987563215562986483
638378467566377448855991257892258974412

评分标准： 以测试题一和测试题二的得分和计算最后得分。

得分60~66： 恭喜你，你真棒，平时学习细心，学习效率高。

得分50~59： 恭喜你，你很不错，平时学习比较细心，学习效率比较高，但仍需要提高学习能力。

得分41~49： 加油呀，你平时学习不太细心，学习效率也比较低，需要提高学习能力。

得分40以下： 要努力加油呀，你平时学习不够细心，学习效率很低，是个学习粗心的孩子，需要努力提高学习能力。

上课开小差

　　牛牛妈妈每天下班回到家的第一件事就是点开牛牛的班级群，看看牛牛今天在学校的表现，是否有被老师点名。牛牛妈妈还记得上次牛牛被老师点名是因为上课开小差、注意力不集中，当被老师点名回答问题时，他什么都说不上来。

　　牛牛妈妈温柔地问牛牛，那堂课上到底发生了什么。牛牛告诉妈妈，那天在上语文课，正好有只受伤的小麻雀飞到他座位的窗边，撞了一下玻璃，牛牛看到后犹豫是否要告诉老师，因为老师平时教导自己要爱护小动物。而当时老师在教授同学们拼音，牛牛的注意力却放在了救还是不救小麻雀的思想斗争中，完全没有听老师讲课的内容，于是，在老师让牛牛起来读拼音的时候，牛牛完全不会读，因此被老师在班级群里点名批评了。

　　牛牛上课注意力不集中的这种情况是由外界环境的干扰引起的，环境的嘈杂、喧闹都会导致孩子注意力不集中。

　　除了外界因素的影响，引起孩子上课注意力不集中的因素还有以下几点：

　　1.孩子睡眠不足或疲倦，即燥热、口渴、疲倦、生病或是某些原因引起的情绪不安导致上课注意力不集中。

2. 授课内容太深或太浅都会导致孩子注意力不集中。授课内容太深，孩子不能理解；授课内容太浅，孩子提不起兴趣。

3. 孩子不善于转移注意力。例如，老师在讲授内容时引入了一个有趣的故事，有的学生就会沉浸其中，而忽略了老师接下来的提问。

以上这些原因引起的孩子注意力不集中，家长应对症解决。同时，可以用以下方法对孩子的注意力进行训练。

● 寻找"线索"

找一幅画，让孩子找一找其中一共有多少条线。

● 看看谁的反应快

准备好两类图卡：水果类和动物类。定好游戏规则，例如：当家长拿出一张猴子卡片时，孩子要说出"猴子"并拍一下手；当家长拿出一张草莓卡片时，孩子要说出"草莓"并拍两下手。按照这个规则，家长可出随机抽出卡片，训练孩子的反应能力。

● 帮助小动物找到家

家长可以选择一定数量的小动物玩具，给每个小动物编号，给孩子5分钟记住小动物的编号。然后，打乱小动物的编号，让孩子帮助小动物找到正确的编号，对号入座。

● 抛一抛

此游戏需要使用一个乒乓球和乒乓球拍，让孩子将乒乓球轻轻往上抛，然后用球拍接住，每接到30个球记一分。以3分钟为游戏时间，看看在3分钟内孩子一共能获得多少分。

心不在焉

陶陶妈妈一提到陶陶的学习就一脸无奈，因为陶陶平时总喜欢走神，经常一副心不在焉的样子。而在陶陶稚嫩的脸上，我们能看到一种无所谓的世故表情。在写作业的时候，本来1个小时能完成的作业，但是陶陶要写3个小时才能完成。刚开始，陶陶妈妈以为她不会写，就走到书桌前要教她写作业，可她一开始教，陶陶就自己动笔写了。

但是刚写完一道题，陶陶就开始玩铅笔，一玩就是十几分钟。因此，陶陶妈妈要一直站在旁边监督。如果不监督，她可能会写一会儿作业就去玩玩具。陶陶妈妈就此跟陶陶谈了很多次，但陶陶一点儿也不听不进去。这么小就常常表现出这种心不在焉的样子，以后可怎么办？陶陶妈妈为此感到很忧愁。

针对学龄前后年龄段的孩子，可以用他感兴趣的游戏对其专注度和注意力进行训练。游戏训练法更容易让孩子乐于参与，长期坚持训练，效果非常明显。

● 藏在扑克牌里的记忆力

家长选三个不同花色的扑克牌，让孩子抽取一张，记住花色和位置，然后多次变换扑克的位置，让孩子找出刚才记住的那张牌。

● 快速记住电话号码

给孩子几组电话号码，让他在规定的时间内抄写完毕，抄错了就必须重新抄写。长期坚持训练，可以改掉孩子心不在焉的问题。

● 增强孩子的自信心

当孩子因心不在焉而出错时，不能大声呵斥，而要耐心地为孩子讲解，并给予他积极的鼓励，告诉他你对他的期望，希望他下次不要再犯这样的错误。

总之，家长要接受孩子心不在焉的现实，并对孩子进行引导、帮助，而不是一味焦虑、批评和指责，否则只会适得其反。

丢三落四

奇奇是小学三年级的学生，他丢三落四的毛病一直让老师和家长头疼：常常在要用橡皮的时候找不到橡皮；在铅笔折断的时候，却找不到卷笔刀；早上要交作业时，却发现作业没有带……

更让奇奇妈妈感到头疼的是，有时候奇奇回到家之后，妈妈问今天老师布置了什么作业，奇奇居然说不记得了。于是，奇奇妈妈还得打电话问各科老师当天布置了什么作业。

> 语文书呢？
> 数学书也没带！
> 还有家庭作业本呢？

> 橡皮擦！尺子！
> 铅笔！水杯！
> 你们又在哪儿啊？

一般丢三落四的孩子都有以下行为特征：毛毛躁躁、依赖性强、独立性差、粗心大意、没有检查的习惯等，这些其实都是后天形成的不良习惯，和后天的家庭环境因素密切相关，如家长一手包办、过度保护、溺爱等都是导致孩子丢三落四的不良习惯出现的原因。

如何纠正孩子丢三落四的习惯呢？以下这几个方法可供家长参考。

● 将孩子的物品放在固定的位置

　　将孩子的物品分类放置，并贴好标签，告诉孩子物品用完之后，必须放回原位，同时与孩子签订"协议"。家长可以设置一个简单的卡通表格，注明各类物品的摆放位置。若孩子遵守约定，做到物归原位，可以给予一个奖励；若没有物归原位，则要受到相应的"惩罚"。长期坚持下去，能逐渐培养孩子物归原位的好习惯。

● 帮助孩子学会倾听

　　孩子之所以丢三落四，原因之一是没有听清楚别人的话或者没有听完别人说的话，就着急去做事情。如果孩子出现了这种现象，一定要告诉孩子：要认真听完别人讲的话，当对别人的话不理解或没听清时，应学会礼貌性地再次询问。这样做有利于培养孩子有始有终、认真做事的好习惯。

● 培养孩子良好的记忆力

　　站在孩子的角度，用孩子能理解的语言与孩子交流，并向孩子提出明确要求，调动孩子有意记忆的积极性。

　　例一：带孩子去儿童乐园时，让孩子认真观察，回家之后，让孩子通过回忆的方式说出今天在游乐园玩了哪些项目。家长可以适当拍照，在孩子回忆不起来的时候，通过照片给孩子提示。

　　例二：在孩子写完作业之后，给孩子讲一个小故事，在孩子听完故事之后，过大约10分钟，让孩子用自己的语言把故事复述一遍。第二天，可以再让孩子把故事讲给班里的同学听。这样做可以提高孩子的记忆力。

　　总之，一方面，家长对孩子丢三落四的毛病要及时纠正，不要抱有"孩子长大后自然就能改正"的想法；另一方面，在纠正孩子丢三落四的习惯时，要有耐心和恒心，不能过于急躁。

沉迷电子产品

随着电子产品越来越普及，很多孩子每天手机、iPad 不离手，连写作业时也想着玩游戏；有时候还与家长谈条件，写完作业必须让他玩多长时间的游戏！到节假日，如果没有家长约束，他们更是长时间沉迷于玩游戏和看电视。

爱荷华州立大学心理学家的研究结果显示，如果儿童每天对着荧光屏的时间超过 2 小时，那么他们在学校里注意力不集中的概率就会增加 1.5~2 倍。

如果孩子过度沉迷于电子产品，他们的大脑很快就会习惯于屏幕上急速闪动的画面。因此，他们在面对教室黑板或者书本这类视觉刺激程度低的对象时，自然就无法集中注意力。

如何有效地控制孩子使用电子产品的时间呢？

● 凭票观看电视或使用手机

家长可以和孩子一起设计并制作电视观看票或者手机使用票——把卡纸裁成小方块，做成卡片，在卡片背面写上使用规则。规则制订完毕后，让孩子在卡片上按上指纹。每一张票的使用时间为30分钟，一天最多可使用2张。

● 控制好玩游戏的时间，到点及时叫停

如果孩子使用手机玩游戏，家长可以把手机设置为儿童模式，将手机使用时间设置为30分钟，到时间之后，手机自动切断网络。这样更方便家长控制孩子使用手机的时间，家长也可以在最后5分钟时提醒孩子，让孩子提前做好准备。

● 转移注意力，给孩子找点乐趣

孩子对世界充满好奇心，家长应该多带孩子去户外找点乐趣。例如，在天气晴朗的时候，带孩子到户外的公园玩耍，或者去参观博物馆、科技馆等。即使天气不好，不方便出门，也可以带孩子搭积木、玩拼图，而不是把他"扔"给电子产品。

第二章

停，别再做这些分散孩子注意力的事

检查家里的玩具箱，那里藏着让孩子分心的诱因

多多妈妈邀请同事玲子来家里玩耍，一进门，就看到客厅里散落一地的玩具，有各种小火车、娃娃和积木。多多妈妈有点不好意思地对玲子说："不好意思啊，家里面有孩子就是这样。"

玲子笑着说："没事的，我家里比这更糟糕。阳阳每次玩两分钟积木，然后又拿出他的托马斯小火车玩，小火车才玩了两分钟，又拿出汪汪队的玩偶来玩，每一样玩具玩了之后都不收拾，客厅里摆满了他的玩具，家里的储物间几乎全都用来放他的玩具。"

两个妈妈针对这个问题展开了热烈的讨论。

现在不少家庭里就一两个孩子，孩子集全家人宠爱于一身。除了家长给买玩具，其他长辈、亲戚逢年过节也会给孩子买各种玩具。孩子们拥有的玩具都是以箱来计的。而且对于很多玩具，孩子都只有3分钟热度，玩过一次就不再玩了。妈妈们每次给孩子收拾玩具都会感到头疼。

父母及长辈出于对孩子的疼爱，总是希望尽可能满足孩子的心愿，只要是孩子喜欢的玩具，就会尽量给孩子买。但面对琳琅满目的玩具，孩子是什么样的心情呢？他们会因为拥有这么多的玩具而感到满足吗？拥有太多的玩具，也就拥有了太多的选择，这对孩子来说是好事还是坏事？

对于孩子来说，形式各样的玩具固然会吸引他们的注意力，但同时也会造成他们的注意力分散。这就是为什么孩子总是将很多玩具拿出来，但对每个玩具都只有三分钟热度。因为选择太多了，孩子没办法集中注意力去探索某一玩具中的奥秘。长期如此，会影响孩子注意力的发展。因此，家里的玩具并不是越多越好。玩具多了，孩子的选择多了，注意力分散了，他们从玩具中获得的乐趣就相对变少了。

家长们不妨让孩子每次选择一两个玩具，或者只给孩子一两个玩具，等孩子研究够了，再给他其他的玩具。但很多家长又担心孩子会因此执着于换玩具，那如何解决这个问题呢？为了更好地培养孩子的注意力，家长们不妨尝试以下方法。

请把家里的玩具"束之高阁"

家长需要把家里的玩具分类收拾好，然后放在孩子够不着的地方，同时留下一两个孩子近期最喜欢玩的。让孩子的选择变得简单，有利于孩子专心玩耍。

"约法三章"，制订游戏规则

有目的的活动更能抓住孩子的注意力。在孩子的游戏时间，家长要和孩子说清楚，只能选择一至两个他最喜欢的玩具。如果想玩其他玩具，只能等到下次的游戏时间。给孩子说明规则之后，家长要"守护"好这个规则，不能因为孩子中途执意要换玩具就去破坏规则。那如果孩子因换玩具不成功而吵闹，该怎么办呢？家长这时候不妨陪伴孩子一起玩或者参与到孩子的游戏之中，给予孩子一些指导性的建议，可能会起到寓教于乐的效果。

和孩子一起开动小脑瓜，让玩具变得更有趣

一两个玩具，孩子玩不了几分钟就会觉得乏味，但这是启发孩子思考最好的机会——让孩子学会思考如何利用有限的玩具获得更多的乐趣，即开启一个玩具的多种玩法。这是一个需要耐心去培养与发展的过程，因为刚开始孩子可能无法适应。在初期，父母不妨带领孩子一起发掘一个玩具的多种玩法。例如，玩乐高的时候，可以充分发掘孩子的想象力，搭建不同形状的物体，如不同形状的城堡、变形金刚或不同角色的人偶等。为了让孩子更好地体验到这种乐趣，家长可以参与到游戏中，与孩子一起玩角色扮演游戏。家长给孩子提供

几个选择后,要尽快退出角色,让孩子自己在各种角色中来回切换,体验一个玩具带来的多种乐趣。

当孩子感到厌烦时,家长需再次介入

假如孩子在玩玩具的过程中,已经开始对一个玩具的多种玩法感到厌烦,变得没有耐心时,家长要及时介入,再次与孩子一起开动脑筋。这么做的目的是让孩子学会坚持,将注意力集中在一件事情上。在介入的时候,家长同时也要转换自己的角色,以询问者的身份去启发孩子思考,问问孩子有什么好办法,有什么新的玩法,并适时抛出孩子曾经出现的"闪光点"来为他所用。比如,男孩子在玩乐高时,喜欢利用各种小兵设计双方对峙的局面,然后开始交战,但是玩着玩着他就厌烦了,这时候不妨提醒他:"你看看双方交战的话,是不是需要兵器呢?"这么一启发,孩子就会为双方的士兵"制造"各种兵器,这样一来,孩子的兴趣又回来了,也学会了一种新的玩法,对玩具的兴趣也被拓展了,可谓一举多得。

当孩子依靠自己的想象力发现了一个玩具的多种玩法并沉浸其中时,注意力自然会更集中。

适时拿出某件被收起的玩具

当家里的玩具被收起来之后,有些玩具因为孩子很长时间都玩不到,可能渐渐就会淡忘了它的存在。等孩子把之前的玩具都玩够了,不再感兴趣了,家长可以拿出一两件长时间被孩子"冷落"的玩具给孩子,这对于孩子来说,就跟拥有了新玩具的感觉一样,那种新奇感、探索欲得到了很好的激发,孩子内心也很满足,然后就又可以愉快地开始新一轮的游戏探索了!

孩子专注的时候，不要打断他

嘟嘟从幼儿园回到家之后，开心地走到画板前，她要把今天在幼儿园看到的趣事画下来。刚拿起笔画了没一会儿，妈妈走过来，看了一会儿，说："咦，嘟嘟你这画的是什么呀？"

嘟嘟说："我画的是我们的小布老师，她今天在学校里教我们做手工了。"

"哦，这样啊，那你继续加油。"妈妈走开了。

嘟嘟继续专心画画。

这时，奶奶端着一盘水果走了过来，对嘟嘟说："嘟嘟，来，张嘴吃个水果，奶奶给你买了你最喜欢吃的樱桃。"

嘟嘟正认真地画着画，她对奶奶说："奶奶我画完了就吃。"

奶奶有点不高兴："这孩子，奶奶都把水果拿到你面前了，你就张嘴吃一颗，吃完把核儿吐到盘子里，奶奶不会打扰你画画的，乖啊！"

嘟嘟没办法，只好停下来吃奶奶送过来的水果。但是刚才想好的接下来要画的内容，因为奶奶的打扰，嘟嘟给忘记了。

看着孙女乖乖吃了自己端过来的水果，奶奶倒是很欣慰。

又过了一会儿，爸爸下班回来了，看到嘟嘟坐在画板前思考着，爸爸换好拖鞋走过来，轻轻抚摸着嘟嘟的头说："看看我们家的小画家在画什么？"

话音刚落，厨房里忙碌的奶奶对着客厅里的嘟嘟说："嘟嘟，准备吃饭了，快去洗手，你的画吃完饭再画啊。"

就这样，嘟嘟的创作先后被三个人打断了，没画完画的嘟嘟一点儿也不开心，吃饭的速度也比平时慢了很多。

嘟嘟在创作过程中，先后有三个人介入，这是否会影响她的创作呢？很显然，嘟嘟的创作已经被多次打断了，注意力也因此受到了影响。

很多家长抱怨孩子坐不住，做事没有耐心，无法坚持到底，一会儿玩这个，一会儿玩那个，还很担心他们会把这种习惯带到学习中去。家长不妨反思一下，自己是否像案例中嘟嘟的家长一样，在孩子全身心投入做一件事情时，总是在不断地嘘寒问暖，打断孩子的注意力？孩子注意力不集中，家长的这种行为是重要的原因之一。

那要如何培养孩子的注意力，提高孩子的注意力品质呢？其实很简单，就是要"保护"好孩子"有始有终"的做事方式。即让孩子静下心来做一件事情，家长中途不去干扰，让孩子享受到"有始有终"地完成一件事情的沉浸感和成就感。

那具体要如何保护孩子的注意力呢？

拒绝唠叨，事情一遍说清楚

很多家长担心孩子太小了，记不住事，于是在和孩子说事情的时候会不停地唠叨。当要告诉孩子去做一件事情的时候，家长可以这么说："遥遥，妈妈现在需要你的帮助，麻烦你帮妈妈从左边第一个橱柜拿一卷厨房纸递给妈妈，可以吗？"而不是不停地重复这句话。

不停地唠叨，孩子不仅会嫌弃家长啰嗦，变得没有耐心，同时还会养成一件事情要听很多遍才记住的坏习惯。当孩子把这个习惯带入学习中时，就会出现上课分心、注意力不集中的现象，从而影响孩子的学习。

因此，当孩子学习出现问题的时候，家长应该反思，是否与自己平时教育孩子的方式有关。

及时清除周围让孩子分心的事物

家长要想让孩子学会做事有始有终，就必须在孩子专心做一件事情时帮孩子清除干扰因素。当孩子要看书、做作业的时候，把书桌前无关的物品拿走，确保孩子的学习环境不会受到其他物品的影响，让孩子在某一时间段内做一件事情，有头有尾，不半途而废。

同时，当孩子专心做事的时候，家长切忌随意干扰孩子，不要不停地嘘寒问暖或端茶倒水，而是让孩子专心去做好一件事。长期如此，有利于孩子养成专心做事的好习惯。

奉行吼叫式教育法的家长必须得改改了

小段家里有两个年龄相差两岁的宝宝，大宝5岁，小宝3岁。有一天，姥爷来家里看望两个宝宝，给宝宝们买了一大盒蜡笔。两个宝宝都很喜欢蜡笔，都想独自占有。于是两个宝宝为了争抢蜡笔打了起来，小宝抢不过大宝，反手就是一巴掌打在大宝脸上。小段听到哭声，从厨房里出来，看到大宝委屈地哭了，小宝也哭了。面对每天都上演的"闹剧"，小段压住内心的怒火，安慰了大宝之后，又劝服了小宝，最后把蜡笔平分，每人24支，让他们各自拿着蜡笔去玩了。

小段继续到厨房忙着做饭。当小段做好饭，正准备叫两个孩子洗手吃饭时，看到小宝正蹲在真皮沙发前专心"创作"，而大宝则是在自己房间的墙脚处"创作"。看到真皮沙发和墙纸都被孩子的"创作"给毁掉了，小段刚刚才压住的怒火"噌"地一下蹿了起来，她再也忍不住了，大声吼道："大宝、小宝，你们过来，给我站好了。你们今天犯了什么错误，自己知道吗？"

面对母亲的"河东狮吼"，两个孩子躲到姥爷身后，带着恐惧的眼神偷偷看着妈妈。

看到孩子主动寻求"避难所"，小段更生气了，吼道："别以为你们躲到姥爷身后，我就拿你们没办法了。"于是拿出戒尺，准备家法"伺候"两个捣蛋鬼。

父母就像孩子的一面镜子，你呈现出什么样子，孩子接收到的图像就是什么样子。其实家长都不想变成孩子眼中狰狞可怕的样子。有的妈妈和孩子，平日里母慈子孝，一到辅导作业时就鸡飞狗跳。接孩子放学时戴着"天使面具"，辅导孩子做作业时又戴着"魔鬼面具"。

孩子做事情磨蹭、执拗、叛逆等，都是引起家长抓狂、发怒的原因。其实，很多时候孩子所犯的错误，不见得有多严重，但家长站在绝对优势的地位，因为不用对自己的情绪负责，所以会随意发泄自己的情绪，对孩子大吼大叫。殊不知，这种做法，不仅会疏离亲子关系，还会对孩子的成长发育产生不良的影响。

那对孩子大吼大叫会产生哪些影响呢？

一般会造成以下几种后果：孩子做事优柔寡断，不自信；孩子变得情绪化，爱发脾气；孩子因为害怕家长的吼骂，变得乖巧，喜欢讨好人。

孩子不听话，忍不住就吼；辅导孩子写作业，教了好几遍还不会，忍不住就吼……刚开始，家长一吼，孩子似乎变得有些听话了，但没过多久同样的"剧情"会反复上演。可怕的是，长期在家长的吼叫下成长的孩子，已经对吼叫声产生了抵触和反感，从而会变得叛逆，加速亲子关系的恶化。同时又因为对吼叫声心存恐惧，所以做事情时很容易注意力不集中。

如果管教孩子不用吼，那该怎么管教呢？

下面教爸爸妈妈们一些小诀窍，这么管孩子，不吼不叫，孩子也听话。

学会放下身段，与孩子平等沟通

爸爸妈妈对待孩子要学会放下身段，以平等的姿态去和孩子沟通。切忌为了在孩子面前树立威严，用以上对下的态度命令孩子去做事。举个例子，孩子需要家长陪伴玩游戏，而家长手头有重要的事情需要处理时，可以让他先设计好游戏规则，等待家长处理完重要的事情后，再告诉家长游戏怎么玩。孩子知道家长正在处理重要的事情时，一般不会无理取闹。同时，家长平等沟通的态度也让孩子得到了尊重，他的内心是满足的，不会因为片刻的时间耽搁而使情绪变糟糕。

多一些耐心去倾听，追根溯源

要解决问题，必须要找出根本原因，才能"斩草除根"。遇到问题，家长首先要保持冷静，对孩子多一分耐心，了解他这么做的原因。家长本着解决问题的初心去帮助孩子的时候，会发现自己的情绪能得到很好的控制，因为你在进行理性思考，不会被情绪操纵。孩子犯的错误大多是情有可原的，和孩子一起找到原因，能让他更深刻地认识错误，在以后遇到类似问题时，他也会逐渐学会理性思考，寻找原因，从根上解决问题。

有时要让孩子尝尝"自食其果"的滋味

注意，这一条应该在确保安全的前提下实施，并明确这样做不会对孩子产生恶劣的影响。举个例子，孩子过马路不看车，能让他在过马路时尝试"自食其果"的滋味吗？当然不可以！但当孩子到了饭点不吃饭，或者不好好吃饭时，你可以按预先约定好的时间收拾碗筷，让孩子尝尝吃饭时间不吃饭的后果——饥饿。或者与孩子约定好他必须自己完成作业，并对孩子进行适当提醒，如果孩子依然没做作业，就可以让孩子体会一下不按时完成作业的后果——被老师批评。

以上后果，都是自然而然的结果，不是人为设置的惩罚，一定要分清这两者的区别。不吃饭会饿，不做作业老师会批评，这都是自然后果。不吃饭就不给看电视，不做作业就不准睡觉，这是人为设置的惩罚。惩罚往往和吼叫一样，长期来看对孩子没有任何正向的帮助。

当孩子有过切身体验之后，会从后果中理解家长教导的重要性和正确性。

请给孩子另一个选择

　　当孩子犯错误时,家长不要只是简单粗暴地说"不可以",而是给孩子指出另一条路,让他选择。如果一条已知的路孩子不愿意选择,那么家长可以带着孩子走另外一条他们走过的路。

做个以理服人的家长

　　孩子是具有认同心理的,当孩子犯错误时,家长可以试着让孩子从他人的角度去体会一下感受,让孩子明白自己的行为对他人造成的影响。在给孩子讲道理时,家长可以根据孩子的年龄层来选择讲解深度,如果是低龄儿童,家长可以通过讲故事的方式给孩子讲道理。

　　正如美国著名"家庭治疗大师"萨提亚所说,一个人和他的原生家庭有着千丝万缕的联系,而这种联系有可能影响他的一生。对孩子大吼大叫,只会让孩子越来越差劲。爸爸妈妈工作上的情绪,最好在回家之前就处理掉,回家后要在孩子面前始终保持一个好的心态,孩子也会因此比较乐观,做事情也会比较认真专注。

不强求孩子长时间做一件事

　　萱萱今年3岁,刚上幼儿园,妈妈给她报了个钢琴兴趣班。面对钢琴的黑白键,萱萱满是好奇,但每次不到10分钟就厌倦了,转而去玩其他的玩具。萱萱妈妈很着急,为了锻炼萱萱的注意力,她强制萱萱每天坐在钢琴前练习半小时,还站在旁边监督。3岁的萱萱每隔几分钟就可怜巴巴地看向妈妈一次,小脑瓜里想着什么时候才能去玩。但是萱萱妈妈丝毫没有让步的意思,依旧让萱萱继续练习。

殊不知，孩子越小，注意力集中的时间越短。具体规律如下：

0~1岁：以没有预定目的的注意力为主；

2岁：注意力集中时间约为2分钟；

3岁：注意力集中时间约为5分钟；

4岁：注意力集中时间约为10分钟；

5~6岁：注意力集中时间为15~20分钟；

7~10岁：注意力集中时间约为20分钟；

10~12岁：注意力集中时间约为25分钟；

12岁以上：注意力集中时间一般会超过30分钟。

萱萱是个学龄前的孩子，这一年龄段的孩子最显著的特征是一心多用，具体表现为他们可以同时关注几件事情，但我们常常会误以为他们注意力涣散，甚至将其定性为有"多动症"的"问题孩子"。因此，判断孩子注意力集中与否，我们不能简单以注意力集中的时间长短为衡量标准。

当看到孩子"注意力不集中"时，不要过度焦虑，也不要盲目地为了延长孩子的注意力集中时间而强迫孩子长时间去做某些事情。这样的做法只会让孩子压力更大，适得其反。萱萱妈妈的做法无疑就是"揠苗助长"。

随着年龄的增长，孩子注意力的品质会得到提升，这就是孩子对新异事物如此敏感的原因。当然，数值只是参考，家长不可将其作为"金标准"一味套用。假如孩子本身就对某个事物毫无兴趣，那么他对此事的注意力集中时间自然会低于参考数值，甚至根本无法集中注意力。

所以，在训练孩子注意力的时候，要充分考虑此事是否在孩子的能力范围之内，同时要结合孩子的兴趣爱好综合考虑，不要盲目强迫孩子去做一些他不喜欢做的事情、做不到的事情。强迫孩子集中注意力，从长远来看，会打乱他的心理秩序，反倒会降低孩子对事物的探索欲望，增加孩子的挫折感，使他更不能专注于一件事情上。

总而言之，家长关注培养孩子注意力的出发点是好的，但是凡事要遵循规律，做到具体问题具体分析，才能科学合理地培养孩子的注意力。

孩子邀请你玩游戏时，不要过多干涉、强迫

周六，小豪正一个人在客厅里玩积木，他在搭建自己想象中的城堡。这时爸爸走过来了，他蹲在旁边看着小豪认真搭建积木的样子，很是欣慰。

小豪一直沉浸在自己的世界中，没有发现爸爸在一旁"暗中观察"自己，直到他搭建完了城墙，抬头一看，看到爸爸正在看着他，于是他邀请爸爸加入他的城堡建设工程之中："爸爸，你也来跟我一起搭建我们的城堡吧！"

爸爸很快加入了小豪的城堡建设工程中，爸爸对小豪搭建的建筑很好奇，于是问道："小豪，这个是什么啊？"小豪很自豪地给爸爸介绍每个建筑。

听完之后，爸爸开始对小豪搭建的建筑提出一些"指导性意见"："小豪啊，你看这个西式城堡不是这么搭建的，应该是这样来搭的。"说完，爸爸将小豪搭好的城堡拆掉，将自己的思维构想加入其中。此时变成了爸爸一个人在搭建城堡，小豪在观看。

没过多久，小豪说："爸爸，你玩吧，我不玩了。"

爸爸问道："为什么啊？咱们一起搭建城堡多好啊。"

小豪说："那是爸爸的城堡，不是我的。"

爸爸听完之后一脸错愕。

从此事可看出，小豪搭建城堡的乐趣被爸爸破坏了，小豪原先只想让爸爸参与到游戏中和他一起玩，但爸爸却以个人主观思想对小豪的城堡搭建工程指手画脚，甚至对这个工程进行"摧毁"。

父母参与到孩子的游戏之中，其出发点是好的，但是一参与到游戏中，往往即刻忘记了自己是一个受邀者，而试图去主导游戏的节奏，对孩子的游戏"规则"进行干涉，这样往往只会剥夺孩子的玩耍自由。

所以，和孩子一起玩游戏时应该怎么做才好呢？

受到邀请再加入

家长看到孩子在玩游戏的时候，不要急于加入孩子的游戏中，尤其不能强行介入。你可以把孩子想象成一个在专心工作的大人，当你看到同事在专注工作的时候，会随意打断他、强行和他一起工作吗？当然不会，因为那是不尊重对方的表现，会让对方不愉快，孩子同样如此。要学会让孩子独自玩游戏，不轻易打断孩子的玩乐。

加入游戏后不能喧宾夺主

如果孩子愿意邀请你和他一同游戏，家长也应该多听听孩子的需要，遵守孩子设定的游戏规则。记住，这是孩子的游戏，是他的主场，你不过是个受邀者。家长最爱犯的一个毛病，就是站在自己的立场上，用成年人的思维、认知、经验以"主导者"的身份去给孩子的"杰作"提意见，甚至去"摧毁"孩子的作品。你的出发点是好的，是希望给孩子指导，让他得到"更好的结果"，殊不知，对孩子来说，重要的不是你认为正确的那个"结果"，而是在游戏过程中的各种尝试。

就像案例中的小豪爸爸，在他固有的认知和经验中，城堡就应该是西式的，没有任何的想象空间。但小豪的思维是不受限制的，他不会受什么西式、中式、古代、现代的影响，他只是按照他的想象和认知来搭建，也不在意大人看来"不好看、不正确"。对于小豪来说，这真的是一件了不起的事情，他按自己的想法搭建出了城堡，他非常有成就感！可惜这种成就感被爸爸破坏了。

你做得越少，孩子得到越多！给孩子充分的空间自由发挥，不轻易打扰，你会发现孩子凭借着自己的想象力和力量所建造的城堡是非常漂亮的。

多一些耐心，别急着用你的想法去改变他

在一档真人秀节目中，有个4岁的小朋友特别喜欢不厌其烦地哼唱着两句歌词："青城山下白素贞，洞中千年修此身。啊……啊……"观看节目的观众被这首歌洗脑了，甚至有网友留言希望这个小朋友换首歌，但是孩子的妈妈对孩子的表现却非常有耐心。

为什么这个孩子特别喜欢重复哼唱这两句歌词呢？

其实这与孩子所处的年龄段有关。4岁孩子的认识能力、想象能力和记忆力还处于发展阶段，不能像成人一样在较短的时间内接受大量的信息。并且这一阶段的孩子对一切充满着好奇心，喜欢探索，同时他们已经有意识自主地去记住一些自己喜欢的人或者事。因此，孩子在重复某一个行为时，实际上是在帮助自己强化与加深记忆，进而做进一步的思考和想象。

当孩子在重复中检验自己的记忆和期望时，他也能从中体会到一种成就感。

> 珺珺喜欢在睡觉前让妈妈给她讲故事。但珺珺妈妈发现，珺珺特别喜欢听《白雪公主》的故事，且最近连续几天晚上都点名要听这个故事。连续讲了四个晚上后，珺珺妈妈有些不解，因为有些情节讲到一半时，珺珺就能脱口而出接下来的情节，但是珺珺每次听妈妈讲《白雪公主》的故事还是听得津津有味。

珺珺的现象并不是个例。很多孩子很喜欢重复听一个故事，重复看一部动画片的某一集，或者是重复去做一件事，家长对此表示不解，可能会觉得，孩子一两岁时候的认知能力、记忆能力应该挺好的啊。但是学龄前儿童所记住的人和事，基本上都是靠别人帮助他不断加深印象记住的，而不是他自主记忆的，因此过一段时间后，他就会忘得一干二净。这也是为什么有些小孩，上次见面还和你玩得很愉快，但过一两个月后，却不认识你了。

另外，当孩子处于个性正在形成、发展和逐渐完善的阶段时，他们不断重复某一个动作和行为，可以理解为这是孩子在努力学习或者练习的过程。

更为重要的一点是，孩子也能在重复的行为中提高自己的专注力。即当一个孩子能够不厌其烦地重复做同一件事情时，从很大程度上来讲，这个孩子会有很强的专注力。

例如，强强喜欢玩乐高玩具，不厌其烦地组装机器人，但每次强强组装十多分钟之后，就又去做其他事了，过几分钟又重新回到他的乐高组装"工程"中。每天都这么重复好几次，强强妈妈对此很担心，以为强强注意力不集中。其实这是因为强强年纪还小，注意力难以像成年人一样能够长期高度集中，因此，他的注意力会在集中一段时间之后转移到另一件事情上。但是在他集中注意力组装机器人的过程中，他的动手能力、专注力和毅力都得到了提升。

因此，当家长发现孩子在专注地做一件事时，请给予他时间和空间，同时多一分耐心，千万不要随便去打断或阻拦他，避免斥责或限制孩子，甚至质问孩子。

当孩子专注地重复做一件事，完全忽略外部环境时，就是他在"重复练习"的过程，他在把自己的注意力集中到一个点上。这时家长就不要随便去干扰他，让他一直处于忘我的境地，直到逐渐养成习惯，这样孩子以后做起事情来就会非常专注。

给予孩子独处的空间

周末阳光明媚，浩浩妈妈带着浩浩来到公园里玩耍。浩浩带上了小铲子和小水桶，他要去沙堆里玩沙。来到沙堆后，浩浩独自在沙堆里开心地玩耍，妈妈站在旁边看着。十分钟之后，妈妈看到浩浩的裤子上沾满了沙土，便跑过去帮浩浩掸掉裤子上的沙土。

过了一会儿，浩浩妈妈看到浩浩额头上好像有些汗珠，于是又跑去帮浩浩擦汗、脱外套。刚把浩浩脱下的外套拿在手里，浩浩妈妈想起来，这个点儿该给浩浩补水了，于是又拿着保温杯去给浩浩喂水。本来还在开心玩沙的浩浩，却突然闹着要去玩其他的了，浩浩妈妈对此感到不解，刚才还玩得好好的，怎么突然就不玩了呢？

其实浩浩离开沙堆的原因很简单，是因为浩浩需要一个独处的空间，妈妈不间断的关怀，打断了浩浩独处的时光。对于孩子而言，独处时间是十分宝贵的。作为家长，只要静静在一旁观看就可以了。

每位父母都有一颗爱孩子的心，但有时候过分的关爱，恰恰对孩子造成了困扰，例如，当孩子需要独处时，请相信你的孩子，并给予他独处的空间，这是每一位家长需要学习的爱的方式。

有的家长会觉得，孩子太小了，担心孩子独处会有安全隐患。既然如此，父母该如何给孩子营造一个安全的独处空间呢？

确保孩子独处的环境安全

在安全范围内，让孩子独自玩耍，远远地关注孩子，避免发生危险。

得到孩子的允许，可以在孩子身边，但不要打扰孩子独处

例如孩子在地上玩游戏的时候，家长坐在身边的沙发上做自己的事情，只要不影响到孩子就可以了。在家长的陪伴下，孩子的注意力一般都比较集中。

最好给孩子一个不受干扰的房间

在条件允许的情况下，家长可以为孩子准备一个"秘密基地"，专供孩子玩耍。房间的色调要统一，可以以白色或米色为基调。同时为了安全起见，要将玩具做好分类，方便孩子自行取用。另外，可以在房间铺一块地毯或地垫，方便孩子席地而坐，让孩子安心地在自己的"秘密基地"里玩耍，不被打扰，也不会影响到其他人。

不能因为注意力不集中就打击孩子的自信心

庆庆爸爸说，庆庆性格内向，不爱讲话。平时庆庆看起来学习挺认真的，但成绩总是不好，考试排名总是倒数几位，这让庆庆对学习产生了强烈的畏惧情绪。

因为学习成绩不好，庆庆在学校的时候经常是被批评的那几个孩子之一。每次考试之后，庆庆都害怕回家，因为回家后爸爸妈妈也会批评他不好好学习，不如别的孩子努力、聪明。

考试中的屡次挫败，让庆庆背上了沉重的心理包袱，在和同学的交往中也明显流露出了自卑感与失落感，进而导致庆庆越来越厌学。

庆庆的问题出在了注意力不集中上，因为注意力不集中导致了他学习成绩上不来，而老师、父母对他个人学习能力的一再打击，让庆庆越来越没自信。那面对类似庆庆这样因为注意力不集中而丧失自信的孩子，家长应该怎么做呢？

不要因为孩子成绩差就表现得厌烦

在电影《奇迹男孩》中,10岁的奥吉天生脸部畸形,奥吉在去学校的第一天,就受到了周围人的排挤和歧视。

奥吉回家后把自己关在房间里大哭,他流着泪问妈妈:"为什么我这么丑?"

妈妈告诉奥吉:"你一点也不丑!我们都非常爱你。你看我脸上有这么多皱纹,我们每个人脸上都有痕迹,这是一张展示我们过往经历的地图,这张地图从来都不会丑陋。"

妈妈这份坚定的爱,给了奥吉源源不断的安全感,让他由自卑走向自信,最终成长为人们心中的不可思议的"奇迹",她用爱告诉孩子:"你天生与众不同,不必躲躲藏藏。"

父母无条件的爱是孩子自信的源泉。

如果父母的爱是有条件的——孩子学习好了爸妈才会满意,奥数比赛得奖了爸妈才高兴,那么孩子会在心里怀疑自己,对自己失去信心,并学着戴上"势利的眼镜"去看待爱与关怀。

给孩子足够的尊重

自尊是一个人对自我价值的肯定,是内在的,只关乎自己的,是外部环境无法撼动的自我认知。一个人首先自尊,然后才会自信。

美国学校一直强调"鼓励教育""尊重教育",就是希望学生们建立起正面的自我认识,不因和其他人的长处比较而自卑,意识到每个人都是独特的个体,都拥有自己的闪光点。

对孩子尊重,不是一切都听孩子的,而是给予孩子一定的选择权。比如在选择出门要穿的衣服时,你可以问孩子"你想要黄色的裙子还是粉色的",而不是"你想穿什么衣服",对于较小的孩子来说,前者更便于选择,也更符合家长的选择范围。

适当给孩子选择权,孩子会感受到他们被尊重和被信任,从而带给他们自信和成就感。

帮助孩子找到他的强项

孩子也许学数学不开窍,但是他人缘好,有领导才能;也许他写作文不行,但是他画画好,有艺术"细胞";也许他不善表达,但是他体育好,有运动天赋。帮助孩子找到他的长处,并创造机会让他的强项得以发挥,从而树立他的自信心。

正确地鼓励孩子

孩子的心智发育尚不成熟,常常根据别人对自己的评价,尤其是父母和老师的评价来给自己定位。如果他经常被表扬,他的心里就充满了自信,觉得自己很优秀、很特别。相反,如果孩子平时听到的都是训斥、挑剔、责备甚至是挖苦,一个小小的过错就被家长抓住不放没完没了地批评,他就会觉得自己很失败,什么都做不好,还会否定自己的能力,产生自卑心理,进而失去对学习和生活的热情。

但表扬孩子是一门技术活。

我们经常听到有家长这样夸孩子:"宝宝真聪明!"当我们夸孩子聪明的时候,赞美的是孩子的天赋而非他的努力。次数多了,孩子就容易把成功和失败归结到自己的天赋上,一旦失败,孩子就认为自己不够聪明,能力不行,而不会想到是付出的努力不够。

所以,在表扬孩子的问题上,父母需要多描述一些细节,多肯定孩子的努力,客观地夸奖孩子。比如孩子在学校得了奖状,与其对孩子说"真聪明",不如说"爸妈知道你为这个奖付出了很多努力"。这样,孩子才会更加看重自己努力的过程。

相信孩子的能力

虽然我们不想打击孩子的自信,但在现实生活中,却常常做出相反的事情:不相信孩子的判断力、行动力,一再打击孩子的自信心。

比如孩子说太热了,不想穿外衣,我们可能会斥责孩子:"热什么热?妈妈一点都不热。"

孩子想帮忙端盘子，妈妈会说："你端不稳的，小心把盘子给打了。"

孩子抱怨功课难，我们会说："怎么别人会做就你不会？你一定是上课没有好好听讲。"

当孩子想要尝试一件新事物，有的父母会说："得了吧，你那两下子我还不知道吗，别丢人现眼了。"

父母在孩子小时候一再否定孩子的想法和做法，会把孩子的自信心和独立性一点一点扼杀掉。连父母都不相信孩子的判断能力，孩子的自信从何而来？

对于孩子而言，他的自信心就是在一次次小小的、不起眼的生活挑战中建立起来的：能自己洗杯子了，能自己切水果了……每独立完成一次挑战，他对自己的信心就会增强一分。

避免孩子掉入"一问三不知"的怪圈

点点今年刚上小学一年级，每天放学妈妈去接点点的时候，都会问点点："点点，今天在学校里发生了什么有趣的事吗？"

点点每次都会想一会儿，然后摇摇头说："好像没有啊，我不知道。"

妈妈又继续问："那今天老师教了你们什么新的知识呢？"

点点还是摇摇头说："不知道"。

为此，点点妈妈很苦恼，为什么点点的回答都是"不知道"，并且最近点点的班主任向点点妈妈反馈，点点上课有点注意力不集中。

点点妈妈要怎么做，才能避免让点点掉入"一问三不知"的怪圈中呢？

其实，要解决这个问题很简单。

抓住那个分心的"小恶魔"

要想帮助点点解决"一问三不知"的问题，其实只需要两张白纸。即点点妈妈为了让点点更加了解自己注意力的表现，让点点思考并列出"做以下事情我非常专注"与"做以下事情我容易分心"的清单。

对于年龄较小的儿童，家长需要对其进行适当引导，和孩子一起认真思考。当列出两张清单上的内容时，孩子能一目了然地了解到影响自己注意力的"小恶魔"到底有哪些。

是谁放走了那个分心的"小恶魔"

造成孩子分心的原因是什么？通常是在什么情况下发生的？想要了解这些，就需要家长对孩子进行引导和分析。例如，父母在旁边辅导孩子做作业时，一边辅导孩子一边玩手机，这是不是造成孩子分心的原因？又如，孩子的书桌上杂物太多，或者是客厅的电视声音太大，或者是晚上没睡好，导致第二天精神不好，所以上课的时候走神了？

家长只有了解孩子注意力不集中的原因，才能做到具体问题具体分析，制订相应的调整和矫正计划。

专心清单

家长引导孩子回忆自己曾经专心做过的事，并逐条列出。

例如：

1.每次写完作业后，我都能将作业收拾好放入书包中，并将书桌整理干净。

2.我可以认真地写完1-20的阿拉伯数字，而且中间不出错。

3.我可以专心地观察小蚂蚁搬家。

4.我每天做完作业之后，都能自己认真检查一遍。

5.我能坚持每天练一页字。

建立属于孩子的"专注力银行"

让孩子将"专心清单"上的内容认真誊写在一个小本子上，作为孩子专注力的"存折"，储存在"专注力银行"中，每周让孩子查看自己的专注力是否有增加，同时在翻阅过程中，让孩子知道自己的专注力在不断地积累和提升。

假如某一天孩子的某项专注力没有达标，则可以从他的"存折"上扣除相应"金额"，让孩子知道，注意力是需要不断巩固和加强的。

"这个字没写好，重写！"

琪琪今年刚上一年级，每次妈妈在辅导她写作业时，都发现她写的字不是结构不正确，就是笔画不正确，每到这时，汉语言文学专业毕业的妈妈都会对琪琪说："你这个字没写好，重写一遍。"但每纠正完一个错误的书写，就要花掉五分钟，最后，半小时就可以完成的抄写生字的作业，琪琪硬是花一个小时才完成。

琪琪妈妈对此感到很头痛，不纠正孩子吧，怕长期下去，孩子形成错误的认知，误导孩子今后的学习，纠正吧，又导致孩子写作业的效率特别低。到底要怎么教孩子才好呢？

对于刚入学的儿童来说，抄写生字是常见的作业之一。孩子到底写得怎样，笔顺、笔画是否正确，有没有写错别字，字体写得是大是小，结构是否美观，其实这都来源于我们的主观判断。假如孩子的字写对了，但是因为不是很美观而被家长要求反复涂改重写，必然会对孩子的书写兴趣造成不良影响，同时也使孩子注意力的持续性受到影响。

那如何才能避免孩子陷入注意力不集中的怪圈中呢？

不要打断孩子的书写情绪

孩子做作业，家长在一边陪伴时，当他的一笔一画落在作业本上的时候，请不要打断他的书写情绪，不要一看到某个字写得不好，就把橡皮擦递过去，立即让孩子修改——或许家长认为这是在及时更正孩子的错误，但这实际上是在破坏孩子注意力的持续性。

孩子字写得丑，不妨从书写技巧入手

有些家长看到孩子写出来的字很丑，就认为这是孩子不认真的结果。但其实这可能与孩子的握笔姿势、坐姿、书写力度等有关，假如家长从这些方面入手，教会孩子如何写字，孩子的书写可能会有所提升。

学会给孩子找参照物

孩子刚学会书写，字写得丑也是情有可原的，但是家长要有一双善于发现美的眼睛，在孩子的书写稿中发现书写结构相对好的字，对孩子进行表扬，这样既能鼓励孩子继续书写，又能避免孩子的注意力持续性遭到破坏并陷入为书写不美观而感到自卑的怪圈中。

专题 | **让孩子保持良好的情绪，对提升注意力很有帮助**

控制不住情绪的孩子，注意力一般也不好

孩子在小时候都是天真顺从的，大人说什么就是什么，很好管教。但随着年龄的增长，孩子会逐渐形成自己的性格特点，并在2岁之后开始显现出来，一些孩子会显得非常有个性，有了自己的想法、主见和行为方式，这让不少家长抱怨孩子越来越难以管教。

> 乔乔今年三岁了，在家里就是个"小霸王"。"顺我者，一切好说，逆我者，不得安宁"是乔乔的真实写照。
>
> 有一次，妈妈带乔乔去游乐园玩，乔乔执意要去玩冲浪，但是妈妈考虑到乔乔感冒刚好，怕他玩水之后着凉，所以没同意，而是建议他玩旋转木马或碰碰车。但乔乔偏不干，妈妈越是阻止他就越要去做，并且在游乐场撒泼打滚，试图以此让妈妈妥协。妈妈试图劝阻，还遭到他的拳脚相加。

面对这样的"熊孩子"，乔乔妈妈感到心力交瘁，她到底应该怎么办呢？

当我们要高效地完成一项任务时，必须注意力高度集中，才能确保任务顺利完成。因此，保持情绪的稳定非常重要，假如情绪波动很大，就会影响我们的注意力。因此，经常情绪失控的孩子很容易出现注意力问题，进而影响到他的学习成绩。

为什么情绪的波动会对我们的注意力造成如此巨大的影响呢？

因为当我们深陷于某种情绪中时，例如兴奋、急躁或伤心，我们的注意力会集中在令自己情绪起伏的事件中，从而自动屏蔽其他外界事物，所以在情绪波动较大的情况下，我们无法将注意力聚焦在我们要完成的事情上，在这种情况下，我们就难以理解知识的含义，记忆也会变作无用功。

这就是为什么很多家长在辅导孩子的时候，上一秒还母慈子孝，下一秒就河东狮吼、母子成仇了，甚至感觉需要服用速效救心丸，而孩子却还是把作业写得一塌糊涂。因为孩子在完成作业的时候，感觉是在完成一项不愿意完成的任务，一点儿都不开心，只有永无止境的焦躁，注意力也就难以集中了。

儿童教育学研究指出，人在6岁以前的情感经验对其之后一生都具有恒久的影响，孩子如果此时无法集中注意力，性格急躁、易怒、悲观、具破坏性，或者孤独、焦虑、对自己不满意等，会很大程度地影响其今后的个性发展和品格培养。

那对于孩子无法集中注意力、情绪急躁的问题，我们该如何做好引导、让孩子学会管理自己的情绪呢？

这就要求家长要尽早发现孩子的优点，尽早让孩子学会表达自己的情绪，学会管理自己的情绪。因为如果负面情绪一直持续不断，它可能会影响到孩子今后的人生态度和身心健康。

● **让孩子和情绪成为朋友，学会表达自己的情绪**

人有喜怒哀乐等情绪，在日常生活中，家长要引导孩子认识不同的情绪，同时当发生某一件事、孩子处在一种情绪中时，家长要主动引导孩子说出自己当下的心情。

例如，"今天发生的事情让我感到很愤怒，是因为……"

又如，"今天去公园放风筝我很开心，是因为……"

或者，"今天上课我被老师点名批评了，我很生气，是因为……"

总之，家长可以通过使用情绪讨论法来引导孩子主动表达自己的情绪，并发现自己情绪的来源，从而提高孩子对情绪的敏感度，正视自己的情绪。

● **让孩子感受不同的情绪，洞察他人情绪**

在孩子学会表达情绪之后，家长进一步要做的就是引导孩子如何适当地表达自己的情绪。对于孩子来说，游戏就是最好的方法，寓教于乐是一种很好的教育手段。

角色扮演，让孩子体验角色的情绪

家长可以和孩子一起玩角色扮演的游戏，如家有女孩，可以一起扮演《冰雪奇缘》游戏，如家有男孩，则可以扮演《海底总动员》游戏。让孩子在游戏中有更多的体验情绪的机会，并感知别人的情感需要。

给孩子读绘本故事，利用共情让孩子更好地理解情绪

很多家长都发现，虽然一个绘本故事读了上百次，但孩子每次都听得津津有味。这是因为听故事、阅读绘本等可以帮助他们产生共情，每次阅读孩子都会有不同的感受，家长可以引导孩子思考故事中人物的情绪来源及人物之间的情绪反馈，从而使孩子领会到自己的情绪会对他人所产生的作用。

总之，如果孩子能在表达情绪与控制情绪之间取得平衡的话，便能以建设性的态度表达强烈的情感，而且能控制对自己、对他人有伤害的情绪表达方式。

在此，需要提醒家长们，孩子年龄越小，控制注意力的时间也越短，因此，注意力不集中、易分心，是很多孩子的特点。我们对于注意力不易集中的孩子，可给予一定的注意力训练，同时关注孩子的情绪管理能力。

及时察觉孩子的情绪问题

很多家长会认为，孩子的那些小脾气不见得是什么重要的事，过一阵子就好了。真的是这样吗？

小宇最近做事总是有点心不在焉，常常一副魂不守舍的样子，上课被老师点名批评，回到家写作业的时候又经常走神，写着写着就开始看着课本发呆。

小宇妈妈看到后，问小宇："你最近怎么了，是晚上没休息好还是身体不舒服，怎么老是走神啊？"

小宇摇摇头表示没事，妈妈不放心地说了一句："有什么事情你一定要告诉妈妈，我们一起想办法解决。现在我们先集中注意力把作业写完，好吗？"

小宇点点头。

为了不打扰孩子写作业，小宇妈妈拿着书到客厅看书。四十分钟后，小宇妈妈再走进小宇的房间，发现小宇已经把作业写完了，但还是一直盯着课本发呆。

妈妈问："小宇，今天在学校发生了什么事吗？妈妈感觉你很伤心，你能告诉妈妈吗？"

小宇抬头看着妈妈说:"今天上语文课时,同桌诚诚不小心把我的课本扯掉了一页,我很生气,就说了他一句,结果老师看到了,就点名批评我,说我不认真听课。"

"嗯,小宇是一个很爱护书本的人,课本被不小心扯坏了,你很难过,换成妈妈也一样会难过。虽然诚诚是不小心扯到你的课本的,但他也应该向你道歉,然后下课后想办法帮你把课本粘好,是吗?"

"是的,但是他没有和我道歉,也没有帮我把课本粘好,所以我生气了。"

由以上案例我们可以知道,小宇的妈妈是个善于观察孩子情绪的家长,并能引导孩子主动表达情绪。其实在现实生活中,很多孩子会因为各种情绪的影响,而出现注意力不集中的现象。

面对这样的状况,家长首先要做的是了解孩子处于某种情绪中的原因。是因为在学校受到不公的待遇,还是与同学产生了矛盾,或者是因为考试没考好,为没有达到家长的预期而感到自卑。总之,要去感受孩子内心无助的原因,而不是不分青红皂白地先对孩子进行一番批评教育。

未经过情绪管理训练的孩子,无法认清情绪的本质,如果家长不加以引导,使孩子情绪被压制,那么情绪一旦爆发就会很激烈,在此状态下的孩子必然无法集中注意力思考。而家长主动帮助孩子认识自身的情绪,进行情绪管理训练,能让孩子的情绪更加稳定,对于自身所处的状况有正确的认识,并具有独立的处理能力。这样的孩子长大后知道如何处理情绪,不容易因为外界的干扰而无法集中精力或做出过激反应。

下面给大家提供几个管理情绪的小妙招,让大家轻松帮助孩子疏导情绪。

● **教孩子认识情绪**

家长可以直接告知孩子他的情绪。例如，"你今天看起来很开心，能告诉我遇到了什么让你高兴的事吗？"或是，"你今天看起来气鼓鼓的，是遇到了什么不开心的事吗？""我看你很伤心的样子，可不可以告诉我发生了什么事？"

之所以让家长这么问孩子，是想给孩子传递这样一个信息：孩子，你的情绪我看到了，我接受有情绪的你。处于坏情绪中的孩子，可能回应家长的态度不是很好，但不管孩子以何种态度回应家长，家长都应该让孩子知道，你尊重并完全接纳他的感受。

我们常常会遇到这样的状况，孩子不小心被门夹到手了，家里的老人或父母就抱着孩子拍着门说："都是门的错，它坏，它夹我们家宝宝的手，我们打它。"

而要想让孩子有很好的情绪处理能力，家长首先要帮助孩子定义他的体验，如"你现在很生气，是吗？""你现在很痛苦，是吗？"定义是非常关键的，能让孩子将问题的根源从外物转向自身。"你觉得痛，所以你在生自己的气。是的，我了解你这种情绪。"

只有父母用理解和爱拥抱了孩子的情绪，让孩子当下感受到理解与认可，才有可能平息他的愤怒。此刻，孩子在家长眼中看到的是慈悲和理解，这能让孩子的情绪得到放松与抚慰，而引发情绪的事物——门，已经显得不重要了。

教会孩子对情绪负责，以理解和慈悲拥抱情绪，能将孩子的注意力从外在转向内在，让孩子明白，他对外在刺激（也就是触发情绪的事物）的反应并不是单一的，而是有所选择的。

● **教会孩子表达情绪**

对孩子而言，尤其是学龄前儿童，他们对情绪的认识不多，也没有足够和适当的文字描述情绪，要他们正确表达内心的感受是比较困难的。对此，家长可以给孩子提供一些情绪词汇，帮助孩子把那种无形的恐慌和不舒适的感觉用词汇表达出来，刻画出自己的内心感受。

例如面对因为某种原因而受到惊吓的孩子，你可以对他说："刚才你是不是觉得很害怕？""小兔子死了，所以你感到很伤心、难过，是吗？""你的零食被妈妈吃了，所以你很生气，是吗？"

当孩子认识到各种情绪的存在，孩子就能精确地以言辞表达出自己的感受，他越了解他所面对的事情，就越能掌握处理情绪的能力。当孩子感到生气时，他可能也感到失望、混乱、妒忌等，当他感到难过时，可能也感到受伤害、被排斥、空虚、沮丧等。

● **引导孩子回到情绪之中**

当孩子急于说出事情的起因、始末、谁对谁错时，家长可以试图将孩子带回情绪的部分。例如："原来你生气是因为这个啊。那你可以先告诉我你心里的感觉是怎样吗？""哦，怪不得你这样反应呢！现在你心里觉得怎么样？"

孩子在刚开始表达自己的感受时，难免会表达不清，这时候，我们需要多一些耐心去聆听他，不必打断他，而是鼓励他继续说下去。当孩子有足够的情绪表达后，你会发现孩子的面部表情、肢体语言、语速、语调和音量等都变得缓和了。

当孩子的情绪平复后，就是引导孩子说出细节的好时机了。

● **给孩子设立行为规范，知道"可为"与"不可为"**

"无规矩不成方圆"，为孩子设立行为规范，能让孩子知道，做哪些事情是可以被家长理解和接受的，而做哪些事情是不被接受的，让孩子有界限感。例如，遇到孩子打人、骂人、摔东西时，在了解孩子这些行为背后的情绪并帮他描述感受后，应当让孩子明白，这些行为是不合适的，并且是不被容忍的。

之所以立规矩，是因为要让孩子知道某种情绪不是他不被接受的原因，不良的言行才是。这么做，能让孩子明白，所有的感受和期望都是可以被接受的，但并非所有的行为都会被接受。

引导孩子疏解消极情绪

孩子本该是天真活泼的，但随着孩子的性格特点逐渐显现出来，有的孩子开始表现得不一样了。例如不喜欢说话，做事很慢，对什么都不感兴趣。这样的孩子看起来似乎少了一些生气。但我们是否能通过孩子的消极情绪，去发现其背后的问题呢？

豆豆一上课就喜欢盯着黑板发呆，甚至老师让翻到课本下一页的时候，他依旧在盯着黑板看，但当点名让他回答问题时，他却根本答不上来。因此，老师在班级群里经常点名豆豆上课不认真听课，甚至让豆豆的父母好好留意豆豆的情况，看他是不是注意力出现问题了，是否有必要带去给专家看看。

豆豆妈妈刚开始不以为然，觉得孩子刚上小学，需要一个适应的过程，有些异常也是正常的。但放学回到家，妈妈让豆豆做作业时，他每次打开作业本写一两道题，就开始玩橡皮擦，或者是在书本上临摹字，或者找机会和爸爸妈妈聊天，压根不想写作业。而且豆豆没有以前活泼了，整天闷闷不乐的，这种现象持续了两三个月，豆豆妈妈觉得豆豆可能真的是注意力出现问题了。

在孩子的成长过程中，如果负面情绪得不到及时的化解和疏导，长期积压在内心，很有可能给孩子造成心理阴影，甚至留下一辈子的创伤。正如下面这句话所说：幸福的孩子用童年治愈一生，不幸福的孩子用一生治愈童年。

那我们如何才能教会孩子疏导负面情绪呢？

● **了解孩子出现负面情绪的原因**

孩子之所以会出现负面情绪，不外乎三种原因：

1. 受到了挫折，比如家长指责他不如别的小朋友，或者老师批评他表现不好的时候，他会表现出负面情绪。

2. 多数孩子都是以自我为中心的，一旦他们受到侵扰，就会表现出负面情绪，外向的孩子会表现为哭、闹、攻击别人，内向的孩子则表现为过分依赖家人，出现害怕、沮丧等情绪。

3. 不少孩子会借助负面情绪，哭哭闹闹，做平时不敢做的事情，达到自己的目的。

家长必须让孩子知道，情绪是人对外界刺激的本能反应，例如不小心磕到桌角了，我们会感到疼痛，进而懊恼；亲人离去的时候，我们会感到难过。有时候，也许我们并不欣赏乃至不赞成一些过激的情绪表达方式，但情绪本身是没有对与错的。

所以，当孩子的负面情绪出现的时候，我们要接纳它，并告诉孩子，这是他们对外界刺激的反应，是正常的。我们只有接纳负面情绪的存在，才能进一步想办法疏解它。

● **学会和孩子聊天，多和孩子聊天**

有些家长总是会讲一些大道理，这些道理听起来都是正确的，对于孩子来说或许能起到某些作用，但作用可能不大。要搞清楚孩子的心里是怎么想的，把话说到孩子的心坎上，才会管用。

家长可以在生活中多与孩子聊天，了解什么事情能够让孩子开心或生气，这样当孩子出现负面情绪的时候，家长就不会束手无策。当孩子正在生气的时候，家长别一来气就打骂孩子，而应该引导孩子用语言来发泄负面情绪，并且多聆听孩子的心声，了解他们生气的原因，然后通过正确的方式引导孩子疏解负面情绪。

即使你不认同孩子，也要让孩子直接表达出来，孩子感觉自己被理解后，才会恢复平静。如果孩子不善表达或者不想说，家长可以引导孩子画出来，不管他画什么，只要把负面情绪发泄出来就行。

此外，多给予孩子鼓励，用赞赏的眼光看待孩子，让孩子获得精神支持，鼓励孩子继续努力，孩子就有获得进步的可能。充满爱的鼓励和信任，能让孩子更愿意努力付出。相反，如果一味地苛责，孩子会变得没信心，从而做事情也没那么专注，事情自然也做不好。

● **帮助孩子找到适合的情绪宣泄方式**

家长可以通过转移孩子的注意力来帮助孩子消除负面情绪。

比如有些孩子生气的时候会摔东西、打人，那么家长可以引导孩子通过运动来疏导负面情绪，跑步、踢球、跳绳等都是不错的选择，还能锻炼身体；还有些孩子一生气就会骂人、说脏话，或者大声喊叫，针对这种情况，家长可以鼓励孩子，通过唱歌来宣泄情绪。

平时要了解孩子对什么感兴趣。孩子的注意力是最容易分散的，用他们感兴趣的东西来消除他们的负面情绪是行之有效的方法。

● 引导孩子思考解决问题的方法

　　孩子在遇到问题时，最需要身边有人给予支持与帮助。处在负面情绪中的孩子，就像是在森林里迷失方向的小鹿，需要有人给他指引方向。家长与孩子一起讨论解决问题的方法时，可以引导孩子自己想办法，帮助他做出最优的选择，鼓励他自己解决问题。例如问孩子："下次发生同样的情况时，怎么处理才能更好地解决问题呢？""如果你想避免这样的状况发生，你可以做哪些努力呢？""小刚昨天为什么把你的作业藏起来了，为了不让他把你的作业藏起来，你可以想哪些办法呢？"如有必要，家长不妨以爽快和愉快的态度参与进来，与孩子一起解决问题。

控制好你的情绪，成为孩子模仿的榜样

　　梅子是两个孩子的妈妈，双胞胎儿子已经十岁了。

　　因为爸爸平时工作忙碌，即使节假日也常常需要加班，双方老人也不能帮忙，所以，梅子工作之余不得不全身心扑在两个孩子身上。

　　养儿十年，对于这种"丧偶式"育儿，她的内心积压了十足的怨气，然而从小的教养，让她一直压抑着自己，努力去做个贤妻良母。可是，满腹的怨气让梅子鲜少有真正轻松快乐的时候。

　　又一个五一长假来了，原本计划要一家人去湖边野营，可爸爸临时要加班，不忍心让孩子们失望的梅子，拖着疲惫的身子，独自开车带着双胞胎儿子去湖边。

　　这次出行简直就是一场灾难。

　　到达湖边之后，梅子坐在搭好的帐篷内，一点都不想动弹，可两个儿子却半刻都安静不下来，一会儿吵吵闹闹争抢东西，一会儿跑进小帐篷内要东要西，搅得梅子心烦意乱。

　　直到两个孩子不小心打翻了帐篷内的保温水壶，梅子终于压抑不住怒火，大发雷霆。那一刻，梅子真的觉得失望透顶，内心的怨气倾泻而出：

"为什么你们就不能听话懂事一点?"

"为什么你们不能像别人家的孩子一样,乖巧安静一点?"

"我教育你们这十年,难道都白教了吗?我怎么这么失败呢?"

"你们怎么这么蠢呢?"

……

她不停地数落着两个孩子,一点都听不进去孩子的解释,一点也看不到孩子的歉意和惶恐。事后回想,梅子觉得自己在那短短的一刻钟内变成了最恶劣的妈妈,她把自己所有的坏情绪都倾倒给了两个孩子。这让她满心愧疚,也让两个孩子在很长一段时间内变得沉默寡言,甚至连学习成绩都出现了滑坡。

判断一个人心理是否成熟的标准之一,就是看其对情绪的控制能力。作为父母,我们必须学会控制情绪,因为,一个不快乐的妈妈,养育不出快乐的孩子;一个控制不好自己情绪的妈妈,同样养育不出能控制好情绪的孩子。

对孩子发泄负面情绪真的太容易了,因为他们在大人面前是绝对的弱者,毫无反抗能力,你完全不必担心他们会因为你发泄怒火而怼回来,或者即使有微弱的反抗,最终还是会被大人"镇压"。

然而,在发泄之后呢?存在的问题解决了吗?还是变得更严重了?最糟糕的是,孩子会全盘吸收你处理坏情绪的方法,直到有一天他们有了足够的能力去对抗你的时候,再狠狠地还给你!

生活中有太多类似的故事了。所以,为了自己,为了孩子,我们必须更加成熟,学会控制好自己的负面情绪。

那当你看到孩子犯错误而压抑不住满心怒火的时候,应该怎么做呢?

暂停!

是的,暂停。当你的怒火欲喷薄而出的时候,一定什么都不要说,闭上嘴巴,离开现场,找个安静的地方让自己待一会儿,用各种方法让自己平静下来,然后再来考虑解决刚刚的问题。这叫作积极的暂停。

因为在这个时刻，你的头脑已经被怒火占据了，就像一座将要爆发的火山，是非理性的，往往会口不择言，说出伤害孩子的话——只为了发泄，不是为了解决问题。

为了避免孩子认为你离开现场是在惩罚他，你应该先用平静的语气告诉孩子，你现在感觉很糟糕，需要自己待一会儿，让自己冷静下来，然后再来解决问题。

让自己快速冷静下来并不是一件容易的事情。当你发现自己怎么也无法平静的时候，不妨试试腹式呼吸法，具体做法如下。

1. 尽可能找一个安静的环境，远离干扰。换上宽松的衣服，还可以放点轻柔舒缓的音乐；然后找到一个让你舒服的姿势，站、坐、躺都可以。

2. 一只手放在腹部，用鼻子缓慢地吸气，把吸进去的空气一路经鼻腔、胸部送到腹部，让腹部微微凸起。

3. 缓慢地吐气，用手感受腹部的收紧。

腹式呼吸是瑜伽、心理催眠等经常运用的一种呼吸方法，20次深呼吸足以让一个满腔怒火的人冷静下来。此外，腹式呼吸也是一种很好的养生方法，每天腹式呼吸15分钟，对健康极其有益处。

控制情绪不是压抑情绪，而是寻找一种良性的方法去疏解情绪，让我们重回理智状态，去解决那个让你愤怒、失望、怨恨的问题。

营造温馨、无压力的家庭氛围

壮壮的爸妈最近因为工作上的分歧，没少在家当着孩子的面吵架。爸爸甚至当着壮壮的面摔门而去，留下妈妈在背后声嘶力竭地哭泣。每当这时候，壮壮就自己一个人躲在衣柜里，蜷缩着，等到家里安静了，他才从衣柜里出来。

白天在学校里，壮壮也不和同学们一起玩，上课的时候老走神，常常东张西望的，有时甚至影响到其他同学听课，于是老师把情况告诉了家长。

壮壮妈妈发现，壮壮这段时间的学习成绩下滑得很厉害，写作业也不像以前那么让人省心了，常常写十几分钟作业就要去厕所，一去又是十几分钟。

刚开始妈妈以为他是肚子不舒服，于是问他："你是不是身体不舒服？"

壮壮说："没事，只是水喝多了。"

妈妈渐渐觉得不对劲，就说了他两句："最近你的学习态度有问题，你该好好调整一下。老师都跟我说了，你这次考试成绩下降了30分，你给我好好反思反思。"

壮壮"哦"了一声，但是第二次考试成绩出来后，壮壮的成绩还是很差，妈妈彻底生气了，问他："这到底是怎么回事？这段时间你都干吗了？上课时间都摸鱼了吗？你对得起我辛辛苦苦地工作供你读书吗？"

壮壮终于忍不住冲妈妈吼了一句："因为你们整天吵架，我心情烦躁，每天满脑子想的就是你们什么时候能不吵架。你们的事情永远比我重要，家里只有你们的争吵声。"

听到这话的妈妈愣住了，原来孩子成绩下降是因为家庭关系紧张，家长的争吵让孩子处在毫无安全感的环境中，从而导致孩子注意力受影响，学习成绩下降。

争吵也是一种沟通方式，但当我们处于极端情绪中时，因为害怕别人听不到，我们会下意识地提高说话声音。家庭中夫妻双方当着孩子的面争吵，很容易造成孩子情绪不稳定，产生极大的焦虑感，进而导致孩子注意力不集中。

如果无法避免分歧，那么如何让孩子正确面对分歧，营造无压力的家庭氛围呢？

● **做好安抚工作，让孩子感受到爱意**

夫妻间存在分歧是十分常见的。但是双方发生争执之后，要向孩子解释双方的分歧是针对某件事，而不是针对孩子。可以试试用"五个手指长短不一"的故事来跟孩子解释你们之间的争执。

具体做法如下。

小拇指说："爸爸妈妈，你们吵架是不是因为我做错了什么？你们是不是不要我了？"

中指说："孩子，别担心，爸妈是因为在工作上有不同的意见，所以起了争执，跟你没关系，我们还是爱你的。"

无名指说："你们既然爱我，能不能下次有分歧的时候别吵架，好好说话。我害怕。"

食指说："好的，那下次我们要是有分歧，就先冷静三分钟，尽量不吵架，如果做不到，你能监督我们吗？"

大拇指说："好的，下次我就当你们的监督员。"

这样做既能帮助孩子说出内心的恐惧，同时又教给他面对冲突的解决方法，让他重新找回内心的平静和勇气。

父母的爱，能给予孩子极大的力量。总能感受到父母的爱的孩子，内心会越来越有力量，相信自己被爱着的孩子更不会因为受到情绪的影响而无法集中注意力。

● **适当调整家庭生活节奏**

现代生活节奏很快，凡事讲究效率，在快节奏的工作及生活里，很容易让人感到压力。孩子正处于成长发育的过程中，假如家庭节奏很快，而孩子做事的节奏较慢，很容易让孩子感到压力，无法集中注意力完成一件事情，甚至会因为担心无法完成而直接选择放弃，不去做任何事情。

因此，调整生活节奏，允许孩子按照自己的节奏完成事情，对孩子完成的事情给予鼓励，同时引导孩子思考下次如何有效地提高完成事情的效率，更有利于孩子注意力的集中。

建议家长适当观察一下自己孩子做事的习惯，看看他有没有掉队，基于此调整家庭的生活节奏。

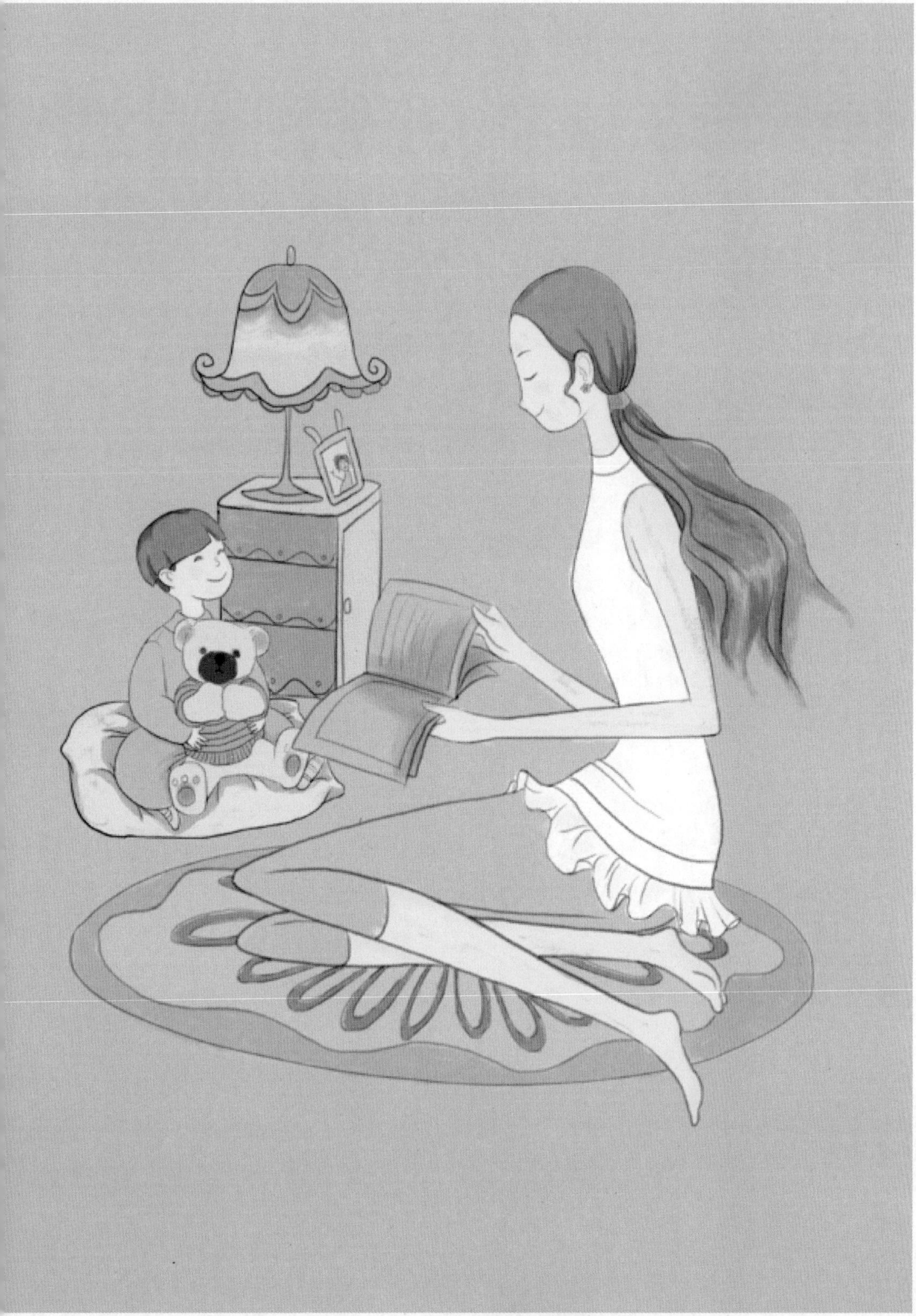

第三章

步步为营，让孩子成为
"别人家的孩子"

兴趣！兴趣！兴趣！这是集中注意力的最佳起点

媛媛妈妈从小就渴望成为一名舞蹈家，但是由于家庭变故，只能放弃梦想。于是，她有了自己的女儿之后，就特别渴望女儿能实现自己舞蹈家的梦想。

她给女儿媛媛制订了一系列的培养计划。从上幼儿园开始，媛媛就奔波于各种舞蹈培训班，参加各种舞蹈比赛。家里墙上挂满了媛媛的荣誉证书，这是最令媛媛妈妈骄傲的事。

但是，随着媛媛慢慢长大，她开始不断反抗妈妈为她安排的舞蹈训练，并经常与妈妈发生争吵。最严重的一次，14岁的媛媛把自己反锁在卧室，以绝食来抗拒练舞。后来，在爸爸的耐心劝导下才同意出来，但是依旧拒绝练舞。

从那以后，媛媛拒绝和妈妈交流，母女间的关系越来越恶化。媛媛妈妈一直不理解，曾经那么喜爱舞蹈的女儿为什么会如此厌恶跳舞。于是，她决定好好和女儿谈一次。

一开场，妈妈就给媛媛畅想成为舞蹈家的种种美好前景，但是媛媛却恶狠狠地说："妈妈，你知道吗？这个世界上有三种鸟，一种是笨鸟先飞，一种是嫌累不飞，第三种鸟最讨厌，自己不飞，就在窝里下个蛋，要下一代使劲飞。你就是第三种鸟，你每天逼着我做自己不喜欢的事情，我每天都活得生不如死。"

媛媛妈惊出了一身冷汗。她这才知道，原来女儿对舞蹈毫无兴趣，练舞对她来说完全是种折磨。

通过上面这个案例，我们知道，媛媛对跳舞并不是真的感兴趣。在妈妈的威逼利诱之下，媛媛委曲求全了很多年，最后还是爆发出来了。我们完全可以想象，即便媛媛顺从了妈妈的心意，坚持去跳自己并不喜欢的舞蹈，她也未必能在这条路上走得很远。

我们都知道，兴趣才是最好的老师。只要平时留意观察，我们不难发现，对于感兴趣的事物，孩子专注力维持的时间相对更长。换句话说，抓住孩子的兴趣点，就等于抓住了孩子的专注力。

孩子对自己不喜欢的事情通常不会投入过多的关注，如果只是被动去做，慢慢就会出现磨蹭、动来动去、走神等一系列注意力不集中的表现。长此以往，因为缺乏足够的专注力，他在这件事情上取得的成绩有限，情感上也会比较痛苦。

那么怎样才能培养和激发孩子的兴趣爱好呢？

发现孩子的兴趣所在

有些家长比较迷茫：怎样才能及时发现孩子对什么感兴趣呢？甚至会觉得，孩子除了对玩感兴趣，对其他什么都不感兴趣。其实，问题的关键还在于家长并不了解孩子，也没有用心地观察孩子。

孩子天生就对周围很多事情感兴趣。要想知道孩子真正的喜好，其实很简单。只要我们平时多注意观察一下孩子，就能发现。例如，孩子平时没事总喜欢哼着小曲儿，说明他喜欢音乐；孩子没事总是拿着画笔到处涂鸦，说明他开始对画画产生兴趣；当有一天孩子从外面捉回一条小虫并视若珍宝时，说明他要研究小动物啦。当然，如果孩子一去上英语培训班，就皱着眉头或是唉声叹气的，则说明他的兴趣不在英语上。

保护好孩子的兴趣

既然知道孩子的兴趣了，我们就应该充分尊重他，千万不要有意或无意地破坏孩子的兴趣，更不能在明知孩子兴趣的情况下，还强迫孩子放弃自己的兴趣，去做他不喜欢的事情。

比如，小时候孩子对墙上的一个破洞感兴趣，然后乐此不疲地用手去探索洞里的世界，但是在父母眼里，孩子这是在搞破坏，应该及时阻止。孩子上幼儿园后，沉迷于自己创造的情景游戏中，但家长认为孩子太幼稚，游戏太简单。对于孩子来说，他是非常用心地在经营自己的角色，如果中途父母横加干涉，甚至语出伤人，孩子的探索就会受到影响，积极性也自然会受到严重的打击。

特别是对于上了小学甚至初中的孩子来说，学业负担重，父母更多地关注孩子的学习成绩，当孩子对昆虫等小动物或植物感兴趣时，父母往往会觉得孩子不务正业，甚至借此来逃避学业……由于不了解孩子所带来的种种误解，最终导致了孩子的兴趣被扼杀。

要想保护好孩子的兴趣，就要做到：无论孩子的兴趣对我们来说有多么荒谬、可笑，只要不是违背人伦道德、法律法规的坏事，我们都应该支持并给予鼓励，给他创造一个更自由、更专注的空间。

为孩子创造更好的兴趣发展空间

首先要正确对待孩子的好奇心。孩子天生就对整个世界充满了好奇。看到下雨，孩子会问"妈妈，雨是从哪儿来的，为什么会下雨"；再大点，孩子会对生命产生兴趣，不断追着妈妈问"我是从哪儿来的""为什么每个人都会死"……随着年龄的增长，孩子的问题会越来越千奇百怪。面对这样的问题，很多家长要么因为太忙没有时间回答，要么因为回答不出来而随便选择一个答案搪塞孩子。无论哪种做法，都是在扼杀孩子的好奇心。

面对喜欢问问题的孩子，家长一定要认真对待，即使有些问题让人无语又抓狂，也要耐心地回应孩子，让孩子知道你在认真听他说话。至于问题的答案，我们可以和孩子一起去探寻。这样做，不仅可以保护孩子的好奇心，也能帮助孩子发现自己的兴趣所在，从而培养孩子的兴趣，提高孩子的注意力。

其次，不要限制孩子对周围事物的探索。从孩子呱呱坠地的那一刻开始，我们总是想法设法地保护孩子，不让他到处乱爬，以免弄脏衣服，吃到不卫生的东西；不让他到处乱摸，以免意外伤害到自己；等孩子再大一点，我们又抱怨孩子的胆子越来越小，不愿意尝试新鲜事物。殊不知，这都是我们从小对他过度保护导致的。所以，在孩子的成长过程中，我们要多鼓励孩子尝试新鲜事物，多去挑战自己。只有这样，孩子才会在探索的道路上越来越自信，自主性越来越强，专注力越来越高。当然，在孩子探索的过程中，一定要教会孩子必要的安全知识和自我保护方法。比如，遇到火灾时该怎么办，打雷时不要躲在树下面，不要一个人去河边玩耍，等等。

最后，多带孩子走进大自然也能培养孩子的兴趣爱好，提高孩子的注意力。在大自然中，我们能看到新奇又有趣的事物，这些都是孩子兴趣的来源和起点。我们只要带孩子多接触大自然，让孩子发现世界的广阔和奇妙，帮助他在探索中主动学习各种知识，让他爱上大自然，爱上生活。如果孩子对大自然充满好奇，父母不妨和孩子一起来寻找答案，解密大自然。

不要强迫孩子做自己不喜欢的事情

生活中不乏这样的父母：妈妈觉得跳舞非常优雅，所以就强迫自己的孩子去学舞蹈，希望孩子成为舞蹈家；爸爸是经商的，就希望自己的孩子长大后能子承父业，逼着孩子学经济学专业。殊不知，孩子更喜欢的可能是绘画或者别的。还有的孩子天生对手工活感兴趣，但是父母却认为那是卑微低下的工作，非要让孩子去考公务员等。

上面的这些事情都源自父母的一厢情愿。如果父母非要逼着孩子去做这些，长此以往，孩子会变得消沉，甚至连自己原本喜欢的事情也提不起兴趣来。我们要尽量尊重孩子自身的爱好，鼓励他自由地发展自己的兴趣爱好，让他能够真正开心地做自己喜欢的事情，沉浸和专注于自己的兴趣之中。

当孩子在做一件自己感兴趣的事情时，父母应给予足够的尊重，不要随意打断他。比如，孩子正在搭积木，妈妈一会儿给孩子喂水，一会儿给孩子喂水果，孩子的思维多次被打断，注意力也会受到影响。在孩子专心做一件事情时，父母最好不要随意去打扰孩子，尽量给孩子创造一个自由、安静、宽松的环境。当然，也不要在孩子专注的时候提问题，以免打断孩子的思路。

为孩子营造一个有利于专注的外在环境

关于环境之于人的重要性，古今中外名家都曾表述过自己的观点。

瑞典教育家爱伦·凯说：良好的环境是孩子形成正确思想与优秀人格的基础。

我国伟大的思想家墨子曾说：人性如素丝，染于苍则苍，染于黄则黄。

两家之言，有异曲同工之处，旨在表述人的品德与环境的关系，即人的品德和性格会随着所处的环境与接受的教育的变化而变化。

因此，要培养孩子的专注力，必须为其营造一个有利于专注的环境，让他的注意力能在环境的熏陶下得到大幅的提升。

> 已经上一年级的豆豆常常因为上课注意力不集中，在班级群里被老师点名。
>
> 豆豆每天吃完晚饭后，爸妈就会让他进房间独自完成作业。豆豆每次都会乖乖地坐到书桌前开始写作业。而此刻，爸爸、妈妈两个人则会坐在客厅里，爸爸开始玩游戏，妈妈开始追剧。
>
> 在自己房间做作业的豆豆，不时会听到客厅里传来的妈妈追剧时发出的笑声，他的心静不下来，更无法专心写作业。他一会儿看看这个，一会儿玩玩那个，有时还会在橡皮擦上画画，就是不能专心写作业。半个小时过去了，豆豆只完成了一道题。
>
> 即使这样，豆豆也会感到无趣，他常常悄悄走到门边，偷偷看着坐在沙发上的爸爸和妈妈，心想：大人真幸福，下班回到家里就可以玩手机了，而我却要写作业。
>
> 一个小时过去了，妈妈追剧结束，爸爸的游戏也顺利通关了。两人一起走进豆豆的房间，看到豆豆的作业还是停留在第一页，于是开始轮番"审问"豆豆。

这样的场景似曾相识。在很多家庭中，家长的关注点往往是孩子的注意力，却忽视了影响孩子注意力的外部因素——环境。父母不离手的手机，客厅里正在播放节目的电视机，孩子书桌上与学习无关的书籍或物品……家长在抱怨孩子注意力越来越差的同时，应该反思，你是否为孩子创造了一个良好的环境！

因此，别再抱怨孩子的注意力不集中了。提高孩子注意力，家长需要从以下四个外部环境因素着手改变。

营造温馨和睦的家庭氛围

一个和睦的家庭，能让孩子感受到家庭的温暖，也让孩子的内心充满爱，生长在这样的家庭氛围中的孩子，拥有足够的安全感，可以专心致志地学习。因此，为了孩子的健康成长，努力为孩子构建一个温暖、和谐的家庭环境是家长的义务。

如何营造温馨和睦的家庭氛围呢？

首先父母不能当着孩子的面争吵，容易给孩子的内心留下阴影，导致孩子容易形成焦虑的性格。这就需要父母之间做到相互尊重、相互理解。

另外，父母要注重和孩子之间的沟通与交流，充分尊重孩子，给予孩子亲近和信赖，努力和孩子成为最好的朋友。这样有利于父母充分参与到孩子的成长过程中，当孩子在学习或生活上遇到困难时，也会第一时间寻求他最信赖的人的帮助。

让孩子有一个专门的学习空间

在家庭条件允许的情况下，父母可以为孩子准备一个专门的学习空间。在这个专门的学习空间内，只能做与学习有关的事情。因此在布置时，要遵循简洁、舒适、明亮的原则，除了学习必备用品，其他物品一律不要放在这个屋子里。这就避免了孩子在学习过程中受到其他外界因素的干扰。

假如家里条件不允许，父母也可以为孩子准备一套桌椅，供孩子学习使用。但是在孩子学习的时候要尽量做到不干扰，不在旁边玩手机或看电视。

为孩子营造一个安静的学习环境

家长应为孩子排除外界干扰，"清除"电子产品、玩具等让孩子分心的物品，营造一个安静的学习环境，让孩子专心地学习。同时，家长还要做好监督工作，监督孩子是否在认真学习。家长也可以以身作则，在孩子学习的时候安静地看会儿书，避免制造噪声。总之，在孩子学习的时候，家长要尽量为孩子排除一切干扰因素。

在家里营造勤学上进的学习氛围

父母是孩子的第一任老师，孩子是父母的影子。想要让孩子养成勤奋好学的习惯，父母平时在孩子面前也要保持好学的习惯。父母在工作之余的充电学习，可为孩子树立良好的学习榜样，让孩子知道，不仅学生需要学习，大人也需要不断地学习。日积月累，孩子便会在父母的影响下提高学习兴趣，同时提高学习专注力。

提升自控力，这是避免孩子注意力分散的内在力量

孩子是父母的影子，由于每个家庭中父母的受教育程度不同、教育方式不同，孩子在成长过程中受到的影响、后期的发展也不尽相同。但是让孩子变得更加优秀是普天下父母的共同心愿。而在众多影响孩子成绩的因素中，自控力和专注力是非常重要的因素，而且，相较于家庭环境、财富、智商等客观因素，自控力和专注力是可以通过后天培养提高的。

蒋琴是奶奶一手带大的，受"隔代亲"的影响，蒋琴在奶奶的宠爱下养成了特别不好的习惯：每次玩玩具都把所有的玩具一股脑地摊在地上，有的玩具拿起来玩一会儿就放下，有的玩具甚至碰都没碰过。每次在蒋琴玩完之后，奶奶总是跟在她后边收拾玩具。

上幼儿园后，幼儿园的玩具没有家里的多，蒋琴有时候看到别的同学玩的玩具是自己喜欢的，就跑过去抢着玩，但同样是三分钟热度。另外，在幼儿园里，蒋琴还是一个坐不住的孩子，在老师上课时，她一会儿站起来，一会儿扭来扭去，根本无法认真听老师讲课。对此，蒋琴妈妈很担忧：她上了小学该怎么办？

担心的事情最终还是发生了。蒋琴上一年级了，因为好动的原因，她在体育课上非常活跃，能够专注地完成老师安排的任务。但是在上文化课的时候，她总是喜欢做各种小动作，上课无法集中注意力。回到家里写作业时，只要父母不在身边监督，她就开始各种"作妖"。不是写作业的时候说口渴要喝水，就是写作业写到一半突然玩手指。面对这样的孩子，父母感到手足无措。蒋琴妈妈说，陪她写作业，血压飙升，心脏难受，降压药都要放在一旁备用。

孩子注意力不集中是父母最为头疼的事之一，因为注意力不集中，孩子的学习成绩、理解能力相对于注意力集中的孩子而言，会有很大的差距。而且，因为注意力不集中，孩子在人际交往过程中很容易有紧张心理，无法与他人进行良好顺畅的沟通；另外，在处理事情时也无法全面地思考问题。

注意力集中是孩子汲取知识、解决问题和形成认知的必要条件。因此，为避免孩子注意力分散，家长要提高孩子的自控力。越早提高孩子的自控力，对孩子的成长越有利。那么家长应该如何提高及锻炼孩子的自控力呢？

无规矩不成方圆，要给孩子立规矩

俗话说，"无规矩不成方圆。"良好的行为准则是行动的标杆，有了基本的目标，才能让孩子有努力的方向。刚上小学的孩子，身体和心理都处于发展阶段，需要家长及老师的正确引导，这也是学校和班级要制订相应的规章制度来约束学生行为的原因。因此，作为家长，也应该给孩子的行为立下规矩，让孩子知道什么事情能做，什么事情不能做。同时，家长给孩子立下规矩以后，要严格执行，不可随意更改。

适当激励孩子

之所以给孩子立规矩，就是为了约束孩子的行为。给孩子立的规矩要赏罚分明，对孩子好的行为要给予肯定和鼓励，以适当激励孩子。例如，对一个小学一年级的学生，如果他今天在10分钟内完成30道算术题，正确率在80%以上，那么今天的游戏时间可以加5分钟，如果明天正确率达到90%，游戏时间可以加10分钟。

犯错就必须承担责任

在家长和孩子立下的规矩中，假如孩子在学校犯错，例如上课没有认真听课，被老师告知家长，则孩子回到家要接受的惩罚就是必须在规定的时间内背诵家长指定的一首古诗，如果没有完成，则当日的游戏时间减少10分钟。这是初次犯错的惩罚，再次犯错，则加重惩罚，甚至取消当天的游戏时间。

总之，家长的惩罚措施应该针对自家孩子的特点，赏罚分明。让孩子明确地知道哪些事情能做，哪些事情不能做，从而去控制自己的行为，提升自身自控力，避免因为自控力差导致的注意力容易分散的问题。

惩罚不可滥用

家长不可滥用惩罚，惩罚的目的是让孩子看到犯错必须承担的后果，对孩子起到一种警示作用，并不是体罚孩子。因此，家长要谨慎运用惩罚。

父母要做孩子自控力的榜样

父母是孩子的榜样，想要孩子提高自控力，家长需要以身作则，例如吃饭的时候不玩手机，和孩子交谈的时候也不边说话边玩手机或边看书边玩手机。总之，父母就像孩子的一面镜子，父母没有以身作则，也很难说服孩子集中注意力。

培养专注力，让孩子做事更专注

孩子进入小学之后，开始了各门学科的学习，这意味着，孩子需要集中注意力去学习每一门功课。众所周知，小学的每一节课的时长是40分钟。这就意味着，在这40分钟内，孩子的注意力需要被有意地、合理地分配。

对于刚踏入小学的孩子来说，上课时间的增加和学习内容的加深，对他们来说是一项考验——根据人的注意力发展规律可知，6~7岁孩子的注意力可持续集中15~20分钟，同时，在这个年龄段，孩子的注意力以无意注意为主，有意注意正逐步发展起来。要让注意力在40分钟内得到合理的分配，难度确实不小。

另外，进入校园生活之后，孩子有了更多可自由支配的时间，如课间休息、课外活动、自习等。假如这时候，孩子形成了自律的生活习惯，有了一定的独立性和时间观念，就能够集中注意力控制好自己的行为，做到上课认真听讲，认真做笔记，课堂上不做小动作、不走神，按老师要求完成规定的任务等。所以，在这一阶段，可以着重培养孩子的意志力和自控、专心的能力。

宇辰在上幼儿园时就比较胆小，上课注意力也不集中，有时候老师正在讲课，全班同学都坐着听，他却一个人站起来，左顾右盼。到了一年级，虽然他不再在老师上课时突然站起来了，但是总是无法集中注意力，一会儿玩橡皮擦，一会儿在课本上涂鸦，或者用手撑着脑袋看向窗外。为此，宇辰成了老师重点关注的对象，上课经常因为注意力不集中被老师点名。

开家长会时，宇辰的家长也被班主任单独留下来私聊，他们对宇辰的注意力问题也甚为焦虑。

相对于孩子自控力的培养，专注力的培养就显得有一点难度了。注意力发展的规律是：年纪越小，自然形成的专注力的持续时间就越短。而随着年龄的增长，专注力的时间也会随之加长。

那么家长该如何提高孩子的专注力呢？

根据孩子的注意力发展规律及特点，让孩子在固定时间内完成一件事，确保孩子做事情的效率

例如，当给一年级的孩子安排任务时，应选择能在15分钟内完成的任务让他去完成，这样既能确保孩子在既定时间内完成任务，又能让孩子体会到原来集中注意力完成一件事情的感觉很棒。

循序渐进，提高孩子专注力

家长可以根据孩子的年龄及此阶段注意力发展的特点，制订相应的专注力培养计划。例如，第一天要练15分钟字帖，第二天还是15分钟，第三天练20分钟，多练5分钟，循序渐进地将练习时间延长。但要注意的是，延长时间不宜过长，要考虑孩子的身心发展规律，以免"揠苗助长"。

为孩子报一门有助于提升专注力的兴趣班

兴趣是孩子最好的老师，为了提高孩子的专注力，家长可以为孩子报一门辅助提高专注力的兴趣班，如架子鼓、钢琴、绘画、下棋、击剑及射箭等都可以锻炼孩子的专注力。

让孩子从小养成善始善终的好习惯

由于孩子年龄较小，容易受外界的干扰，周围环境的任何一点变化都有可能打断他们正在做的事情，因此家长要努力帮助孩子排除外界干扰，帮助其克服困难和排除障碍，督促其在规定时间内完成任务，使孩子感受到成功的喜悦。切忌在孩子全身心投入做某件事时，去干扰他、打断他，分散他的注意力。

此外，家长要做孩子的榜样，以身作则，对待工作与生活要认真、严谨、专心致志。同时，对孩子的一些行为要进行积极引导，根据孩子注意力发展的特点对其进行得当的教育，给予其更多的关爱。如果在引导孩子的过程中遇到自己无法解决的问题，可向儿童心理学专家请教，寻求帮助。

及时反馈——让孩子持久专注的法宝

很多家长喜欢带孩子到一些手工作坊或者是烘焙坊参加实践活动。桃子的妈妈也报名参加了玛芬蛋糕制作的亲子活动。周六，桃子妈妈带着她来到了烘焙教室，发现很多小朋友也是在父母的陪同下来到这儿的。

烘焙坊的老师耐心讲解了玛芬蛋糕的制作步骤，并在每人的桌上放了一份纸质的制作步骤图解。桃子和妈妈开始在料理台忙碌起来，按照烘焙老师给的配方，认真地和面、打发蛋液。桃子有模有样地按步骤操作，每完成一个步骤，桃子妈妈都会在一旁称赞："哇，桃子，我没发现，原来你在这一方面很有天赋啊，你的蛋液打发得刚刚好，我相信，在你的细心制作下，烤出来的玛芬蛋糕肯定很好吃。"

当桃子和妈妈一起合作的玛芬蛋糕出炉后，桃子让妈妈第一个尝，妈妈对蛋糕的味道赞不绝口。课程结束之后，她们把自己亲手做的玛芬蛋糕带回家，并分给了邻居，邻居也纷纷称赞桃子能干。

正是这一次烘焙体验，让桃子初次感受到了专注做事带来的成就感。

其实不止烘焙，书法、棋类、猜灯谜、学钢琴及钓鱼等，都需要孩子长时间高度集中注意力，中途若是稍微有些开小差，就会影响效果。当孩子专注完成一件事之后，就会有一种成就感。我们做的每件事，如果需要长期做下去，总是需要尝到一些"甜头"，心理学上叫"反馈"，美味的菜品和父母的表扬，都是极好的反馈！

父母对孩子完成的事情给予及时反馈，是让孩子拥有持久专注力的法宝。以下是一些适合低年龄段的儿童参与的、需要耐心的活动。

适合3~7岁的孩子参与的下厨活动

1. 独立冲洗水果蔬菜。
2. 帮助家长摘菜。
3. 在确保安全的情况下，使用安全的工具帮忙切碎易切的食材。
4. 捣烂、搅拌所需的食材。
5. 帮忙量度食材分量。

适合8~10岁的孩子参与的下厨活动

1. 使用电动打蛋器（需要大人在旁）或手动打蛋器打发蛋液。
2. 尝试阅读及理解食谱。
3. 在食谱上加上自己的创意或创作新的食谱。
4. 在大人陪同下，搅拌锅中的材料。
5. 使用有安全设计的器具开罐头。
6. 用胶刀或钝剪刀进行剪和切的步骤。

在孩子参与下厨环节时，对孩子的完成情况给予及时的反馈非常重要，让孩子通过自己的经历深刻明白，当他专注地去完成一件事情时，就会得到很好的结果。

为什么很多小孩对玩游戏很专注，这是他们注意力集中的表现吗？

其实，我们不需要全盘否定游戏，我们可以从游戏的设置机制中得到启发。为什么小孩玩游戏很专注，即便经常输还是喜欢玩呢？其中的奥妙就在于，在游戏中，孩子付出的所有努力都有及时的反馈和体现，上一回得了 1500 分，这一回得了 2000 分，虽然还是没能闯关成功，但明确看到了自己的进步，因此，游戏对其的吸引力一直都在，因为游戏给孩子带来的及时反馈能增强孩子的信心，当孩子玩游戏通关时，就会对这款游戏失去兴趣。

很多家长抱怨孩子的作业写不好，但写不好作业除了日常知识积累量不足，一定还存在其他原因。仔细回想一下，你有没有在孩子每次完成作业之后及时给予肯定和鼓励？你有没有对他的每一点进步做出及时反馈？如果孩子得不到正面积极的反馈，或者通常都是得到批评和指责，那么他对做作业的兴趣乃至动力就会持续降低。

当孩子面临一项需要长时间专注才能完成的任务时，你可以这样给予他及时的反馈。

1. 让他对这个任务充满兴趣。任务开始前，你可以告诉他，他是在完成一项充满挑战并能获得成就感的任务，而不是做一个简单的任务。

2. 当他完成后，你可以问问他是如何把事情顺利完成的，使用了什么方法？这个回顾的过程就能让孩子集中注意力思考。

3. 你还需要认真地说出你认为好和不好的地方，并对他进行鼓励。鼓励不是表扬，鼓励是发现他在完成任务的过程中所做的值得肯定的地方。孩子一定有值得鼓励的地方，这需要父母用自己的智慧去发现。

关于表扬和鼓励，斯坦福大学著名发展心理学家卡罗尔·德韦克曾和她的团队做过实验，他们的被试对象是纽约 20 所学校的 400 名五年级学生。在实验中，他们让孩子们独立完成一系列智力拼图任务，具体过程如下。

首先，研究人员每次从教室里叫出一个孩子，进行第一轮智商测试。测试题目是非常简单的智力拼图，几乎所有孩子都能相当出色地完成任务。每个孩子完成测试后，研究人员会把分数告诉他，并附一句鼓励或表扬的话。

研究人员随机把孩子们分成两组，一组孩子得到的是一句关于智商的夸奖，是表扬，如"你在拼图方面很有天分，你很聪明"。另外一组孩子得到是一句关于努力的夸奖，是鼓励，如"你刚才一定非常努力，所以表现得很出色"。

随后，孩子们参加第二轮拼图测试，有两种不同难度的测试可选，他们可以自由选择。一种较难，但会在测试过程中学到新知识，另一种是和上一轮类似的简单测试。结果发现，那些在第一轮中被夸奖努力的孩子中，有90%选择了难度较大的任务，而那些被表扬聪明的孩子，则大部分选择了简单的任务。

德韦克说："当我们夸孩子聪明时，等于是在告诉他们，为了保持看起来聪明，不要冒可能犯错的险。"这也就是实验中"聪明"的孩子的真实写照：为了保持看起来聪明，而躲避出丑的风险。

第三轮测试题目很难，所有孩子都失败了。那些先前被夸奖努力的孩子，认为失败是因为他们不够努力。他们在测试中非常投入，并努力用各种方法来解决难题。而那些被表扬聪明的孩子认为，失败是因为他们不够聪明。他们在测试中一直很紧张，抓耳挠腮，做不出题就觉得沮丧。

第四轮测试的题目和第一轮一样简单。那些被夸奖努力的孩子，在这次测试中的分数比第一次提高了30%左右。而那些被夸奖聪明的孩子，这次的得分和第一次相比，却退步了大约20%。

针对实验结果，德韦克说："鼓励，即夸奖孩子努力用功，会给孩子一个可以自己掌控局面的感觉。孩子会认为，成功与否掌握在他们自己手中。反之，表扬，即夸奖孩子聪明，就等于告诉他们成功不在自己的掌握之中。这样，当他们面对失败时，往往束手无策。"

在后面对孩子们的追踪访谈中，德韦克发现，那些认为天赋是成功的关键的孩子，会不自觉地看轻努力的重要性。这些孩子会这样推理：我很聪明，所以，我不用那么用功。他们甚至认为，努力很愚蠢，等于向大家承认自己不够聪明。

所以，我们要鼓励孩子，而不是表扬孩子。要鼓励孩子的行为，而不是表扬孩子的天分。

学会合理分配注意力,才能更好地集中注意力

> 佳佳是一名初中二年级的学生,面临着很大的升学压力,每天的课业都很繁重。用她自己的话说,每天上课都跟打仗一样,一边要集中注意力听老师讲课,一边要飞快地记笔记,一节课下来不仅感觉"元气大伤",更重要的是感觉脑子不够用了。有时候,只要稍微走神一两分钟,基本上整堂课就处于"掉线"的状态。
>
> 快期末考了,佳佳感觉自己在复习的时候总是不自觉地走神。佳佳的理科成绩相对文科成绩较为薄弱,为了不让理科成绩在期末拖后腿,她花了大量时间复习理科知识点,但付出与收获不成正比,有时候甚至效果比之前更差!佳佳不明白到底是哪里出了问题。

不可否认,佳佳是一个认真努力的孩子,但为什么那么用心复习,却无法取得好成绩呢?很大原因在于她还没学会合理有效地分配注意力。

人的注意力是有限资源。注意力的神奇之处,就在于它的分配取决于大脑对周围不同事物的"偏好"或选择。换句话说,大脑会接收到周围所有的信息,这些信息都在分散着我们的注意力,而注意力则可以解决"有限大脑和无限信息"这一矛盾。例如,在复习的时候,桌面上放有英语习题集和物理习题集,同时还放有水杯和手机。此时除了习题集,手机、水杯这些物品都在无形中分散着孩子的注意力,比如复习一会儿后,会不自觉地拿起手机看一下,看看是否有人给自己发了信息。而注意力就像是一块蛋糕,看手机、喝水和思考一些无关紧要的问题,都会"切走一块蛋糕",占据孩子一部分的注意力。因此,留给学习的注意力就相对变少了。

所以,孩子做事不专注,有时候不是因为注意力不集中,而是因为没有合理有效地分配注意力。其实注意力一直都在,只是注意力的集中范围和时间长度都是有限的。因此,在孩子进入学习前,需要把那些分散孩子注意力的事情处理掉。

此外,注意力是个喜新厌旧的"家伙",长时间集中注意力做一件事情,容

易使大脑疲劳，此时如果得不到休息，注意力就会逐渐下降，效率也会越来越低，这也导致了案例中的佳佳花大量时间复习理科知识点，最后却收获甚少。

因此，孩子在复习的时候，可以实行文理科交叉复习。在复习数学1小时之后，再复习英语40分钟，复习完英语之后再继续复习物理，这样可以让大脑负责逻辑思维的区域得到休息。文理科交叉复习，可以让大脑更合理地分配好自己的注意力。

总之，合理分配注意力，不仅可以更好地集中精力去做事，还有利于提高孩子的反应速度，提高身体的协调性和记忆力，还可以让他更富有创造性。

在合理分配注意力方面，家长需要如何帮助孩子呢？

场景化训练孩子的注意力

家长可以试着将孩子的注意力训练融入日常生活中，例如周末傍晚和孩子在湖边散步的时候，可以引导其背诵《岳阳楼记》；又如，和孩子一起观看美剧时，关掉中文字幕，让孩子认真听，试着考考他能听懂哪些单词，能否将句子翻译一遍等。只要家长用心，生活中的场景都可以用来训练孩子的注意力。这些都可以在潜移默化中帮助到孩子，在日复一日的训练中，孩子会逐渐适应"一脑多用"。

从小培养孩子的注意力分配能力

心理学研究表明，注意力的"分配"和"集中"并不是人天生的能力，而是后天培养出来的。因此，家长可以根据孩子所处的年龄段，分阶段对孩子实行由浅入深的"一心多用"的注意力分配训练。假如你总是觉得你家孩子难以集中注意力学习，说明他受到了来自外界或者内在的干扰，或者是目标不够明确，导致他注意力涣散。因此，要让他养成合理分配注意力的习惯。注意力有时候更像是住在人内心的一个小孩，需要时刻给予它关注，让它该休息时休息，该专注时专注，偶尔再添点小乐趣。只有这样，我们才能更好地让它为我们服务。

让孩子学会给自己设定完成期限

对于很多家长来说,每天在家陪孩子写作业简直就是"炼狱"。每天晚上一到九点半总会听到小强妈妈在念叨:"天啊!你看现在都几点了,你还在东张西望?作业写完了吗?"那声音不亚于河东狮吼。"英语第三单元的单词还没抄写完毕,数学试卷还有一张没完成。你是打算今晚不睡觉了吗?等你写完都几点了?你明天上课要是打瞌睡被老师逮着了,回来有你好看的。"

小强用双手捂住耳朵,试图隔绝妈妈的咆哮,最后他无奈地说:"你能不能不念叨了,让我好好写作业,我写快一点可以吗?你越唠叨我写得越慢。"

还在气头上的妈妈说:"我说你两句你就不乐意了,既然能快点写完,你为什么老是拖拖拉拉的,一点时间观念都没有。现在都三年级了,这样下去,你小学能顺利毕业吗?"

小强听了很生气,说:"你能不能别念叨了,我要好好写作业了,求求你出去吧,我想快点写完作业。"带着情绪写作业的小强,频频出错,用橡皮擦掉错误的答案时,还不小心将作业本擦破了。

相信很多家长都经历过这种抓狂的时刻。每天要在孩子的作业上签字,有时候还需要帮助孩子改正作业,但这个过程每次都像拉锯战似的,没有一个固定的完成期限。家长检查完孩子作业,又要帮孩子整理书包,然后督促孩子洗漱休息,一晚上下来感觉比上班还累,自己的精神状态也会受到影响。

对于这样的状况，绝大部分家长都无法接受，但又无可奈何，家长因此变得很焦虑，又不知道如何处理。孩子做事拖拉，这会影响到孩子以后的学习生活，那怎么才能改变孩子的这种坏习惯，让孩子形成时间观念，能够在规定的时间内完成任务呢？

下面我们给家长们提供一些参考方法。

用"定时"任务来培养孩子的专注力

孩子每天在开始写作业前，家长根据作业量和难易程度，与孩子约定好交作业的时间，并制订相应的奖惩措施。当孩子完成一个科目的作业后，可以放松休息五分钟。这样有助于孩子集中注意力完成作业，孩子会为了完成这项任务而努力。因为准时完成就有奖励，而拖延交作业则会扣掉休息时间，甚至影响下一个作业的完成。

这么做可以训练孩子的时间紧迫感，培养孩子良好的学习规律和作息规律。明确的时间规定能激发孩子的动力和做事的专注力，因为在截止时间前，很多人会有一定的紧张感或焦虑感，而适度的压力对专注力的维持有一定的促进作用。没有明确的时间限制、长时间地写作业，都是导致孩子专注力分散的因素之一。

在截止时间前完成应该要完成的任务，掌握任务进度，可以为自己带来成就感，一种使命必达、说到做到、我可以对自己负责、我能够做得到的成就感。

分解任务，规定每个小任务的完成时间节点

一到期末，孩子的作业就会增多，这时候，家长不妨给孩子的作业任务做切割。例如，每写半个小时作业，就让孩子休息五分钟，可以喝点果汁、上个厕所或出门走一圈。将时间切割，让孩子按时间模块来完成作业，不仅有利于集中孩子的注意力，还可以使孩子的学习张弛有度，学习效率明显提高。

参加体育锻炼有助于提升专注力

赵鑫平时不喜欢参加体育锻炼，不仅早上的早操不参加，连体育课也以各种理由请假。老师很好奇，作为一个男孩子，他为什么如此排斥体育运动。赵鑫平时容易感冒，上课精神不足，经常打瞌睡，且记忆力也不好，成绩在班里也是垫底的。老师提醒赵鑫的家长要注意他的身体健康，让他增强体质。

赵鑫的家长也很无奈，软硬兼施地要求赵鑫参加体育锻炼，但他就是不参加。一个男孩子，柔弱得像林黛玉一样，上课注意力不集中，学习跟不上。到底该怎么办？

很多家长都知道让孩子多多运动是好事。运动不只对孩子身体好，还有很多我们不知道的好处。经常运动与不爱运动的孩子在各方面都有着很大的区别。

曾经有人做过这样一个实验：将同一班级的学生分成两组，第一组学生每天坚持出操，第二组的同学从来不出操，最后观察两组学生的学习成绩及表现。结果显示：第一组坚持出操的同学不仅上课状态更好，而且很专心，记得更快，学习更好。第二组从不出操的同学，上课时容易打瞌睡，整体成绩也不如第一组。

显然，运动后的孩子学习效率更高了。从医学角度看，这是因为孩子在运动时会产生多巴胺和去甲肾上腺素，而这两种神经传导物质都和学习有关。多巴胺能够传递"快乐与兴奋"的信号，促使孩子集中注意力，提高记忆力。去甲肾上腺素的分泌，能够让人高度集中精神，从而增强孩子的专注力。

另外，美国疾控中心曾在2010年对美国儿童的体育锻炼和学习成绩之间的关系进行过一次大规模的研究，最终得出了如下结论：活泼好动的儿童在识别视觉刺激方面比不爱运动的儿童要快得多，也表现出注意力的高度集中。

同时，研究也显示，有充足运动量的孩子，在课堂上不仅更为专注，而且很少有失控行为。

运动是如何帮助孩子提高专注力的？

这里给大家进行一个简单的科普：注意力系统是一个互相联通的广泛性神经传导网络，它从脑干内的觉醒中心——蓝斑开始，把信号传遍整个大脑，使大脑开始警觉并提醒我们注意。

在注意力网络系统中，需要奖励中枢、边缘系统和皮层等多区域参与，控制平衡感和流畅感的小脑也会参与其中，因此，注意力、意识和运动区域之间有大量重叠。那这个网络系统是怎么运作的呢？

首先需要通过运动刺激去甲肾上腺素和多巴胺等的分泌，再由去甲肾上腺素和多巴胺联合调控注意力神经回路，分泌的多巴胺会把信号传递至伏隔核，进而刺激奖励中枢的运作，最后使整个注意力网络系统运作起来。

因此，参加体育锻炼十分有助于专注力的提升。那家长应如何引导孩子参加体育锻炼呢？

有趣小游戏，让孩子爱上运动

投一投，看谁投得准

家长可以分距离设置不同圈或框，让孩子通过投掷的方式，把沙包扔入圈或框内。

跨越障碍，找到好朋友

这是一个团体活动，需要两个人的协调配合，适合六个小朋友一起玩。小朋友两两组成一组，分组进行比赛。每组中一个小朋友跨越障碍物，例如独木桥或栅栏、指压板等，去与自己的伙伴击掌。

小小运输兵

小朋友手持乒乓球拍将乒乓球"平安"运送至指定区域，中途乒乓球落地需要折返重新开始。

以上小游戏通过场景化、游戏化、情境化的方法激发孩子的运动兴趣，从而帮助他们成功地完成运动，达到锻炼身体和训练专注力的目的。

总之，经常运动可以促进多巴胺及去甲肾上腺素分泌。培养孩子定期运动的习惯，可以帮助孩子提升专注力。家长可以根据孩子的兴趣引导他做相应的运动，鼓励孩子尝试新的运动，但不可以特别功利地强迫孩子做不感兴趣的运动，因为这样只会起到反作用，导致孩子逆反。

一次只做一件事，让孩子学会专心

孩子的专注力对其学习和生活都极其重要。当孩子专心致志地做一件事并成功完成它时，孩子的自信心会得到增强。那么如何才能让孩子专注地去做一件事呢？

> 牛牛今年3岁，他吃饭的问题简直让家里的大人崩溃。在没有人喂饭的情况下，他会一边吃一边玩玩具，半碗粥可以吃一个小时；有时候还会边吃边玩青菜，一根青菜可以玩半小时，玩了之后又放回碗里吃。在一旁看着的父母火冒三丈，要收走饭菜，但是牛牛一哭闹，奶奶便会出来说话："你们这是要干啥，要饿着孩子吗？没看到他还没吃完饭吗？"任由他这样吃，他能吃两三个小时，还撒得满地都是。喂他吃饭吧，他又要一边看动画片一边吃。
>
> 为什么牛牛就不能像别人家的孩子一样乖乖坐着安静地吃饭呢？

其实，这是很多家长在孩子小时候都会遇到的事。那怎么才能让孩子一次只做一件事呢？首先要保证孩子的关注点只有一个，例如在吃饭的时候，桌上只能有餐具和饭菜，不能有多余的东西，否则会分散孩子的注意力。

以下几个建议有助于孩子养成一次只做一件事的习惯。

从日常生活抓起

家长要想训练孩子一次只做一件事，就要从日常生活中的小细节做起。例如，吃饭的时候就只能做吃饭这件事，家长不能玩手机，也不要把手机带到饭桌上。另外，也不要把孩子的玩具放在饭桌上，或给孩子播放视频，让孩子边看边吃。很多孩子不好好吃饭，其实是家长长期纵容其一心二用造成的。训练孩子的生活常规，必须始终如一，放弃了训练，养成不良习惯后，再要改变就很难了。

另外，家长也不要给孩子喂饭，这样做是为孩子代劳了他本该自己完成的事情，同时还养成了他做事不专心的坏习惯。孩子稍微长大一些后，就会表现为学习上的各种问题，如上课注意力不集中、理解能力差、记忆力差等。

排除干扰因素

人的注意力资源是有限的，尤其是儿童，注意力还处于发展过程中，注意力的集中程度不高，假如将注意力分配在性质不同的事情上面，会严重消耗注意力的有效性，更无法做到注意力的有效集中。因此，即使孩子在玩耍，也不要播放音乐或电视节目。做作业的时候，桌面上不能有无关物品。

将定时学习改为定量学习

家长要减少对孩子的训斥，教孩子学会分配时间。例如，由规定孩子在一定时间内完成作业，改为定量完成作业。当孩子集中精力完成一定量的作业时，应给予孩子一定奖励，如表扬和拥抱孩子，同时给予5~10分钟的休息时间。当孩子做得很好的时候，可以适当增加一次性做题的量。另外，可要求孩子在做题时圈画出题目要求，防止其走神出错。这么做可以提高孩子的自信心，让他知道自己能独立做好一件事情。

当孩子不能专心学习时，可以这样做

高考分数发布当天，小杨得知自己成为本省的理科状元，但他表现得很平静。当记者问他有什么经验分享给学弟学妹时，小杨简洁地说了两点：一是要制订好学习计划，形成自己的学习方法和思考模式；二是要集中注意力去复习每个学科，学会调整自己的心态，以平常心面对。

记者采访完小杨之后，又采访了小杨的妈妈。小杨的妈妈说，小杨平时学习很专注，把自己的学习安排得井井有条，从来不需要父母操心，学习之余喜欢看纪录片和踢足球。

传说中的"别人家的孩子"学习成绩都很好，专注力也很强，同时能够灵活地运用注意力的特点规划学习。关于"别人家的孩子"在日常生活中是如何专注学习的，我们给出两条经验供大家参考。

排除干扰，全身心投入学习中

进入无声的学习环境

专注力强的人，在进入学习前，首先会对身边的干扰因素进行大清理，例如把桌子收拾整齐，保持桌面整洁，同时将具有干扰作用的手机调成静音，放置在远离书桌的地方。

在进入学习状态前，调整呼吸

为了更好地进入学习状态，在学习前，应调整好坐姿，闭上眼睛，进行几次深呼吸，将呼吸调匀，以保证有一个更好的学习状态。

调整好可控的环境因素

环境因素包括灯光的亮度、房间的温度等。尽量营造一个舒适的学习环境，尽可能排除周围环境的干扰，以免过多分散孩子的注意力。

制订学习清单，严格按照清单执行学习计划

制订学习清单，明确学习任务，按照清单一项一项完成

很多人在学习过程中，因为没有明确的学习目标，一旦遇到困难，就会产生畏难情绪，从而选择逃避。例如，拿起英语资料复习，发现有的内容没掌握好，很多知识点不会，于是先放着，决定做一会儿物理试题。拿起物理试题做了两道题后发现，语文作业还没写，语文比较简单，还是先做语文吧。于是整个晚上，注意力在对这三个科目的选择中被"瓜分"了。

如何制订有效的学习清单

学习清单的内容不是简单地学习某一个学科，而是具体地规划在45分钟内掌握某一学科的哪几个知识点，熟练掌握哪几道例题等。同时还要进行总结归纳，在总结归纳知识点的时候，可以充分借助思维导图帮助梳理内容。

学会适时更换学习任务

制订学习清单的时候，一定要适时更换学习任务，例如，学习完使用逻辑思维的科目，可以更换使用文科思维的科目进行学习。学习45分钟后，站起来伸个懒腰，稍微走动一下，或者是看一下窗外的风景，让自己心生愉悦，充满斗志，这样会更有利于集中注意力。

以上就是传说中的"别人家的孩子"在学习中提高专注力的经验参考。"纸上得来终觉浅"，你不妨和孩子一起亲自实践一番。过程可能比较艰难，但只要努力坚持下去，最终就会收到成效。

学会在恰当的时候快速转移注意力，是个大进步

张扬和路瑶瑶是同班同学。在历史课上，老师讲了一段历史上的奇闻轶事，大家都听得很入迷。下课后，同学们聚在一起讨论老师讲的事情是否真实发生过。上课铃响后，同学们立刻拿出课本，准备上生物课。比如路瑶瑶，很快就调整好了自己的状态，进入了生物课的学习中。而张扬虽然也拿出了生物课本，但是大脑里还在思索着历史课上那个故事的真实性，没法进入上课状态。

当生物老师讲到重点内容时，张扬还没回过神来。生物老师讲完重点，环视了一圈教室，发现张扬不在状态，便立即点名让他起来回答这一节课的重点内容是什么。张扬站起来后，半天答不出来，被老师狠狠地批评了一顿。

老师又让路瑶瑶站起来回答，路瑶瑶轻松地答出了这一节课所讲的重点。此外，路瑶瑶还用自己的记忆方法总结了本节课的重点与考点。

张扬与路瑶瑶就是两个对比鲜明的案例，当环境发生变化时，路瑶瑶能控制自己，主动将注意力转移到课堂上来，而张扬则无法将注意力从课间的闲谈中转移到课堂上。很多人和张扬一样，因为这个原因，导致学习效率很低，他们也为此感到十分苦恼。

一个人注意力优良与否除了与其是否专注有关，还与其注意力能否快速转移并稳定有关。在某些情况下，一个人如果能够将注意力主动、快速地从一个事物转移到另一个事物上，则表明他的思维十分灵活。

举个例子，小明在看连环画，这时，爷爷问小明如何使用智能手机的某个功能，小明立即集中注意力帮助爷爷解答了问题，解答完之后，又继续看自己的连环画。这就说小明具备了良好的注意力转移能力。

当然，这种良好的注意力转移能力并不是天生的，而是需要后天培养的。作为父母，可以从小对孩子的注意力转移能力进行科学、合理的训练。具体做法可以参照以下五个原则。

坚定立场，勿半途而废

在培养孩子注意力转移能力的过程中，父母常会遇到孩子因为某件事而变得沮丧或焦躁的情况，此时父母需要做的是将孩子的注意力转移到其他事情上，而不是盲目自责、内疚。当转移孩子注意力时，孩子可能因为无法适应突然的改变而苦恼，此时父母要坚定立场，否则容易半途而废，最终前功尽弃。只要成功转移孩子的注意力，孩子很容易就会淡忘之前发生的事了。

循序渐进，不急不躁

任何事情的改变都需要一个过程，对成长发育中的孩子而言更是如此。要想改变一个固有的习惯，形成一个新的好习惯，通常要花几个星期的时间，因此，父母要格外有耐心，切忌急躁行事，勿因急于求得一个结果，而招致孩子的反感和抗拒。

提前告知，让孩子有缓冲的时间

想要孩子停止手头的活动，转移注意力到新事物上时，需要提前知会孩子，让他做好心理准备。例如，让他放下玩具去洗手准备吃饭时，可以跟他说："我们约好只玩半小时，现在还剩5分钟，你需要赶快收拾好玩具，然后去洗手准备吃饭。如果你不遵守约定，那下次玩游戏的时间会减半哦。"通过这样的提醒和过渡，孩子会慢慢适应的。

及时肯定孩子迅速转移注意力的行为

对于孩子积极的行为，父母应当给予正面鼓励与奖励。例如，当要求孩子中止或停止某一行为，孩子照做后，应立即给予孩子积极正面的口头肯定，也可以适当地给予一些奖励。例如，在他的小本子上盖章或是给他一张兑奖券，当集齐7张券时，可以兑换一个奖励，满足他一个心愿：奖励一个新玩具或带他去游乐园玩一次等。正面积极的肯定能够鼓励和引导孩子不断地去执行任务，从而有效地锻炼其转移注意力的能力。

适当使用冷处理的方法

在孩子的成长过程中，出现负面情绪是难免的，为了让孩子更快地从负面情绪中走出来，在确保孩子安全的情况下，可以采取冷处理的方法，让孩子知道哭闹不能解决问题，从而让他将注意力从哭闹中转移出来，去寻求解决问题的新方法。

总之，从小训练孩子在恰当的时候转移注意力，有利于孩子在遇到问题时随机应变，积极寻求解决问题的方法。

灵活转移注意力的好法子，赶紧试试吧

小雪和小凡是五年级的学生。最近小凡遇到一个困惑：自己不能像小雪那么快地调整好状态，进入下一堂课的学习。小雪总是能做到语文课就把注意力转移到语文课的学习中，数学课就把注意力集中到数学课的学习中，体育课就把注意力集中到体育老师所教授的体育运动项目的技巧学习中，能轻松地跟同学在打球时做好配合。

那么，小凡是不是注意力出现了问题呢？是不是不能合理转移注意力、无法做到快速地转移注意力就说明他的注意力不集中？其实不是的，无法快速转移注意力只能说明小凡的注意力转移不灵活。

根据注意力的发展规律与年龄的关系可知，年龄越小的孩子注意力转移得越慢，年龄越大的孩子注意力转移得越快。只要我们在平时有意识地对孩子进行训练，孩子的注意力就能灵活地转移。

一次只将注意力集中在一个点上

无论做任何事，都能将注意力迅速集中起来，而且一次只集中在一件事上，当做另一件事时，则把注意力迅速转移过去，这就是灵活转移注意力。例如，在考试中，做到考完一科"丢"一科，将注意力快速转移到即将要考的下一个科目上。

关于如何将注意力集中在一件事上，有一个小妙招。有的孩子在看书的时候，喜欢拿着一支笔边看边画，让眼睛跟着笔尖走，这其实就是利用工具来引导自己的视线，帮助自己集中注意力。

另外，当你在思考问题的时候，不妨盯着墙上的某一点或桌上的文具盒。只盯着一个物体，就不容易转移注意力，问题也能很快想明白。

利用一些有趣的小游戏训练注意力的转移

"脑子中的橡皮"

让孩子躺在床上，闭上眼睛，仔细地想象一个汉字的样子，好像放电影一样让这个汉字出现在脑海里。记住，一定要让他感觉这个汉字非常清楚。然后，像擦黑板一样把这个汉字从脑海中擦去。接着想象第二个汉字，然后把第二个汉字擦去，再想象第三个汉字，一直想象下去，每次想象十个汉字。慢慢地，孩子转移注意力的速度就会提高了。

比一比，看谁算得快

随便写两个数字，一个在上面，一个在下面，例如3和9。具体玩法如下。

第一种：把它们相加，两数之和写在上面数字的旁边，并把原来上面那个数字写在下面那个数字的旁边，然后算新写的两个数字之和。当两数之和大于10的时候，就只写个位数。如此不断进行。

第二种：把它们相减，两数之差写在下面数字的旁边，并把原来下面的数字写在上面那个数字的旁边，然后算新写的两个数字之差。如此不断进行。

当两个人或是三个人一起玩的时候，可以由其中一个人发令，指定一种玩法，30秒后再指定另外一种玩法。指令一发出，玩家就要赶紧在当前位置画一条线，迅速变成另一种玩法。

最开始玩这个游戏的时候，每周可以练习2~3次，每次只练习3分钟，看看孩子有没有进步。3周后可以增加到每次5分钟，每周3~4次。

如果孩子上课容易走神，做作业的时候容易分心，不妨试试以上的方法来让他学会灵活转移注意力吧！

专题 | 关于惩罚不得不说的问题

惩罚孩子要讲究原则和方法

复旦大学钱文忠教授说:"光靠鼓励是不能完成教育的,教育里面一定有痛苦的成分。没有惩罚,培养不出优秀的孩子。"

如果孩子犯了错,恰当的惩罚其实是给孩子的一种保护、一道屏障,让孩子吸取教训,不再重犯,避免孩子偏离人生轨迹,走上歧路。

惩罚作为一种教育手段,是否适合当下的情境,要看你在使用它的时候,是否让最终的效果和最初的动机保持一致,是否有利于孩子的成长和进步,是利大于弊,还是弊大于利。记住,惩罚不是目的,惩罚不是为了给家长出气,不是为了给孩子痛苦的体验,惩罚一定要掌握好分寸、尺度,并随时密切观察孩子的反应,适可而止。一旦伤害到孩子的身心健康,惩罚这种教育方法就失去了应有的作用。

因为父母工作忙碌,小舟在3岁之前的大多数时间是跟着爷爷奶奶生活的。作为家里唯一的孩子,爷爷奶奶对小舟非常宠爱,再加上家里经济条件很好,基本上小舟想要什么爷爷奶奶都会满足他。即使有时候不给,只要小舟一哭一闹,爷爷奶奶也会立马妥协。

小舟3岁之后开始上幼儿园,主要由妈妈负责接送,平时陪伴较多的也是妈妈。妈妈不会像爷爷奶奶那么溺爱小舟,不会满足小舟的所有要求,但会跟他讲道理。当小舟因为要求没被满足而哭闹的时候，妈妈还会打他。但小舟即便挨了打也会继续闹腾。无论妈妈讲道理还是体罚，都没有任何用处，这让小舟妈妈头疼无比。

小舟妈妈的惩罚为什么起不到任何作用呢？结合案例来分析，问题出在小舟妈妈惩罚小舟的方式、方法上。惩罚是一门艺术，只有掌握了惩罚的原则，才能更好地让这种教育方法发挥作用。

● **制订规则，尊重孩子**

惩罚一定是建立在规则之下的，家长得先和孩子做好沟通，协商确定好奖惩的规则，让孩子知道怎么做是犯错，犯错之后会受到什么惩罚。这样，孩子平日就会有所注意，从而减少犯错误的概率。

如何进行惩罚，同样是一门艺术。惩罚不宜过重，也不宜太轻，这需要家长在和孩子磨合的过程中去衡量，其大前提是确保孩子的心理健康和人身安全。

在对孩子进行批评教育的时候，我们要以尊重的态度对待孩子，尊重孩子的目的是为了保护孩子的自尊心，这样孩子才会接受你的批评。如果你的批评让孩子觉得自己"颜面无存"，那么孩子更多产生的是沮丧和抵抗情绪。

当孩子犯错误的时候，如果家长能表示理解和尊重，孩子的内心会更安定，也会更容易接受父母接下来对他的教育。

● **家长要保持情绪稳定**

惩罚不是为了让家长发泄怒火，而是为了帮助孩子认识自己的过失，避免再犯。所以，当孩子犯错后，家长应注意调整自己的情绪，不要因一时冲动而随意惩罚孩子，也不要因为生气加重惩罚，更不要因为控制不住怒火，把对孩子的惩罚转变成亲子之间的矛盾。

惩罚是因为孩子犯了错，不是因为你生气。在惩罚过程中，按照你和孩子事先约定好的规则执行就好,不要让你的坏情绪导致惩罚失效。还要避免在惩罚孩子的时候用语不当,比如言语讥讽、羞辱孩子,伤害孩子的自尊心。

同时,在惩罚过程中,孩子很可能会撒娇求情,家长这时也不宜心软,否则后期惩罚的效果就会大打折扣。

● 惩罚要及时

惩罚的效果与惩罚的及时性密切相关,惩罚不够及时,会让孩子,尤其是年幼的孩子,难以将自己的错误与家长的惩罚建立关联,惩罚的效果就会明显减弱。甚至有的时候,他们已经全然忘记了自己的行为。

所以,一旦发现孩子犯了错误,只要情况允许,就要立即进行相应的惩罚。如果当时不方便惩罚,事后也要及时进行惩罚——家长要和孩子一起回顾当时的情景,尽可能让孩子回到犯错的情景中去,让孩子清楚意识到自己的错误行为,懂得自己应该接受什么惩罚。

注意,不要当众惩罚孩子,因为孩子虽小,但也有自尊心,也要面子。当众被惩罚批评的孩子,第一反应是逃避这个丢脸的情景,父母说得再有道理他也听不进去,并且特别容易产生自卑感。

● 让孩子知道自己错在哪里,该如何改正

惩罚的目的是让孩子知错能改,所以,别忘了和孩子认真地谈一次,让他明白自己错在了哪里,怎么做才是正确的,这样才能让惩罚起到真正的教育作用。

不过,说理、说教应该点到为止,别没完没了地唠叨。家长唠叨太多,孩子反倒会对家长的话丧失反应,导致"左耳进右耳出,家长说了也白说"的情况。

同时,事后谈心也要有重点,就事论事即可,不要东拉西扯或者翻陈年旧账,或者把孩子的行为上升到本质上去,给孩子贴标签,把孩子批评得一无是处,引起孩子的厌烦。更糟的是,孩子还小,他对自己的认知是建立在大人的反馈上的,如果大人给孩子做出了不好的、恶劣的评价,孩子可能对自己失去信心,进而"破罐子破摔"。

自然后果是不错的"惩罚"方法

18世纪法国著名教育家卢梭曾在《爱弥儿》一书中提出一个著名的教育概念，即"自然后果的惩罚"。卢梭说："如果他有冒失的行为，你只需要让他碰到一些有形的障碍或受到由他的行为本身产生的惩罚，就可以对其加以制止。"

简单来说，就是让孩子"自作自受"，即自己做错了事，由自己承受不好的结果。

比如，孩子撕破了衣服，家长就不给他换新衣服，让他穿破的，他感到难堪，下次就不会再撕破衣服了。若是打碎了房间门窗的玻璃，就不给他安装新玻璃，让他受冻，下次他就不会再打碎房间门窗的玻璃了。

自然后果法对还不太懂得是非、缺乏自我克制能力的孩子来说，是不错的教育方式。

孩子通过受到的自然惩罚，亲身体验到自己的行为过失带来的不良后果，这种惩罚不是别人另外给予的，不会"激怒"孩子，而且客观、公正，不是"罚不当罪"，而是"罚该当罪"，孩子一般较易接受，不会觉得委屈、冤枉，抵触情绪也相对较少，能让孩子从不快、痛苦中反省自己，进而改正过失。

举个例子。

齐齐是个男孩子，已经11岁了，自尊心比较强。齐齐平时很爱玩，常常会因为玩耍而耽误写作业，或者不愿意写作业，这让齐齐的爸爸妈妈很苦恼。有很长一段时间，齐齐的爸爸妈妈不得不每天盯着齐齐写作业。

无奈之下，齐齐爸爸给齐齐的班主任打了个电话，详细了解了孩子的情况，并且听取了老师的建议，让齐齐对自己的作业负责。

从那天开始，爸爸妈妈不再每天盯着齐齐写作业，而是只提醒他两次，让他记得写作业。在这种情况下，齐齐果然又没写作业。

没有完成作业的第一天，齐齐被老师批评了。齐齐自尊心很强，回家之后很委屈地哭了。

从那以后，爸爸妈妈再提醒他写作业，齐齐就十分配合了。

自然后果法简单好用，但在使用时，需要注意以下几个问题。

● 要确保孩子的安全和健康

　　确保孩子的安全和健康，是使用自然后果法的大前提。比如在下雪天，天气很冷，但孩子不想穿棉服，这当然是不可以的，不能让孩子因衣着单薄而感冒生病。又或者孩子没有听大人的教导，在大马路上玩耍，也不能放任不管，让孩子遭遇生命安全的威胁，以此让孩子"吃教训"。

● 要不要使用自然后果法因人而异

　　自然后果法虽然好用，但并非万能灵药。孩子是复杂的，每个孩子都是特殊的个体，不同的孩子对"自然后果"有不同的反应。

　　有的孩子性格外向、"脸皮厚"，就可能会对"自然后果"满不在乎，抱一种无所谓的态度。比如，玩具坏了不给买，我就不玩了；衣服撕破了不给换，我就穿破的。在这种情况下，自然后果法就起不到作用了。

　　还有些孩子对于"自然后果"反应极为强烈，容易导致心理上受到的刺激过大，这就需要家长注意观察、掌握火候。对于这类孩子，一般运用提示和批评教育就能够解决问题，不必非要采用自然后果法。

● 及时对孩子进行批评教育不可缺

　　要想让自然后果法起到更好的效果，家长一定要及时对孩子的过失进行批评教育，指出孩子究竟错在哪里，帮孩子分析原因，告诉他有什么危害，今后应当怎样做，为什么要这样做等。如果能帮助孩子举一反三，让他懂得以后遇到同类事情时该怎么做，并把现有的认知迁移到其他事情上去，效果会更好。

● 注意保护好孩子的自尊心

　　自尊心是孩子上进的动力。如果孩子丧失了自尊心，就会"破罐子破摔"，不求上进，过失也就难以改正。所以，运用自然后果法时，一定要注意保护好孩子的自尊心。

第四章

逐个击破，拆解孩子无法集中注意力的难题

一玩游戏就来劲，一学习就打蔫

涛涛是一个比较内向的男孩。在外人看来，他斯文、有礼貌、乖巧懂事，应该是学习成绩不错的孩子。

可是，涛涛妈妈却烦恼透顶，因为涛涛在玩游戏和学习时简直判若两人。学习时，如果没人守在一旁，他绝对是一会儿摸摸桌子上的玩具，一会儿假装去找其他的参考书，就是不能集中注意力到学习上来。即便涛涛妈妈把书房的玩具全部收起来，涛涛也能找到其他的东西玩。因为注意力经常分散，涛涛的成绩一直不稳定。

可是，涛涛在玩游戏时却完全是另一个状态，他能全神贯注、一动不动地保持某个姿势长达1小时，还常常会因为玩游戏而忘记吃饭和做一些该做的事情。

先不说涛涛，我们不妨回想一下我们小时候看电视的场景。那个时候，父母经常提醒我们不要总是看电视，否则会变成"电视宝宝"。在我们小的时候，娱乐生活其实还比较匮乏，但现在的孩子，除了电视，还有iPad、手机等更多的电子产品，这些电子产品已经成为他们生活密不可分的一部分。所以，想要让孩子完全不接触和使用电子产品，是不太现实的。

脑科学专家认为，人类很容易被两种东西吸引。

第一种是强烈的声光刺激。虽然是被动接受的，但是它对人的刺激力量确实不可小觑。从人类的演化角度来看，人类正是因为可以迅速察觉外部环境的变化（如鸟兽的叫声）才存活下来的。

第二种是我们内心主动想要去接受的东西。比如，我们要去超市买一瓶水，那我们肯定会去留意水放在哪个位置。

而手机和游戏恰好具备了这两种属性，游戏有很强烈的声光属性，能不断刺激大脑。加之游戏本来就是孩子愿意主动去接受的东西，它能给孩子带来非常愉悦的感觉。所以，孩子遇到游戏，总是不能自拔。

作为家长，我们该怎么办呢？

在孩子玩游戏前，和孩子约定好游戏时间

如每天规定饭后玩半个小时。这里面需要注意的是，什么时候玩，玩多长时间，一定要和孩子提前协商好，就像签署一份公平协议一样，让孩子认可和接受。只有这样，孩子才会按照协议执行，同时培养孩子的契约精神。

严格把关游戏内容

关于如何选择游戏内容和规定游戏时间，我们可以参考美国儿科学会在2010年秋季发布的一份建议：

1岁半以下的孩子尽量不要接触和使用电子产品；

1岁半到3岁的孩子可以收看一些对孩子发展有良好刺激的节目，最好能帮助孩子学会一些生活技巧；

3岁以上的孩子每天看电视、玩游戏的时间最好不要超过1小时，节目内容尽量选择高品质的、有教育价值的；

对于6岁以上的孩子，则需要父母和孩子一起约定游戏时间，同时尽量选择有益于孩子身心健康发展的游戏内容。

如果可以的话，在内容方面，应尽量给孩子选择一些声光电刺激较为缓和的知识性内容，知识性内容对孩子的刺激不会过于强烈，又能帮助孩子循序渐进地掌握一些知识。

当孩子按照约定控制游戏时间时，要及时给予鼓励

比如，可以给孩子设置一个奖励树，孩子每认真遵守约定一次，奖励一枚苹果造型的贴纸，由孩子贴在苹果树上。过一段时间后，这棵苹果树就能"结满"苹果，孩子也能体会丰收的喜悦。通过这种方法可以逐渐培养孩子养成遵守约定的好习惯，既能控制孩子玩游戏的时间，也不会打扰孩子玩游戏，避免了破坏孩子的专注力。

当然，如果孩子不能遵守约定，我们也要适当给孩子一些惩罚。惩罚措施建议在与孩子约定游戏时间时就提出。例如，如果孩子没有按约定停止游戏，可以罚他帮助妈妈做家务，也可以减少他下一次玩游戏的时间，甚至取消周末的外出游玩计划等。

需要注意的是，惩罚措施一定要在孩子的承受范围之内，并能有效地限制孩子的某些行为。如果超出了孩子的承受范围，他做不到，惩罚也起不到任何效果。如果惩罚力度过小，对孩子正常生活并不会产生多大影响，孩子也不会在意，同样会让惩罚的效果不佳。所以，设置惩罚措施，也非常考验父母的智慧。

多陪伴孩子，多带孩子参加户外活动

孩子在玩游戏时，父母不妨一起参与，以增加亲子互动，培养亲子感情。这样比单纯地把孩子扔给没有情感的电子产品要好很多。同时，也可以多带着孩子参加户外活动，如一起晨跑、晚饭后陪孩子一起散步、周末带孩子去周边郊游、寒暑假时带着孩子来一场远行等。只要将孩子的生活安排得很丰富，让他知道除了电子游戏，还有更多、更精彩的生活去体验、去挑战，他就不会只专注于电子游戏了。

上课老走神，气得老师想挠墙

陆城在班里有个称号："走神大王"。因为无论上什么课，他都会走神，甚至时刻处于走神的状态中。刚开始的时候，老师会不厌其烦地提醒他，但是并没有什么效果。

与陆城情况不同的是，陈瑶偏科很严重，比较喜欢文史类科目，上语文课时，她能专注学习，认真听课，但是一到理科科目，例如数学，她就控制不住自己，容易走神。因为对她而言，学习数学这种需要用逻辑思维去理解的课程，简直就是一种折磨，她完全无法理解那些解题方法与逻辑，于是她的理科成绩很糟糕。

上课走神是孩子注意力不集中的常见表现之一，要想纠正孩子的行为，让他们专注学习，必须找出他们走神的真正原因。总体来说，孩子上课走神主要有以下几种原因。

以兴趣为向导，对不感兴趣的科目不上心

有的孩子偏科，喜欢哪一门科目，在上那一门课的时候就会特别认真，但碰到自己不感兴趣的科目，就会自动开启"神游"模式。有的孩子甚至会因为不喜欢某个老师而不学某一门课程，于是不感兴趣的课程或者不喜欢的老师就成为其上课走神的借口。

基础知识不扎实

有些孩子某门科目的基础知识不扎实，因此在上那一门课的时候会产生恐惧感，跟不上老师的授课节奏，容易走神。长期如此，会导致基础知识越来越薄弱，渐渐失去学习的动力。

受老师授课节奏的影响

对于接受能力弱的孩子而言，老师的上课节奏较快，会导致他们无法跟上进度，而有的学生思维敏捷，理解能力和接受能力较强，老师上课的节奏对其来说相对较慢，且所教授的知识点其已经完全掌握了，于是对老师讲授的内容不感兴趣，上课容易走神。

对自我认识有偏差

有些孩子从小就没有养成良好的学习习惯，久而久之，学习成绩越来越差，上课注意力总是不集中，于是自我放弃，让自己处于走神状态。

孩子自身身体素质的影响

有些孩子由于个人身体素质较差，加上作息不规律，导致大脑无法长时间运转，难以集中精力投入学习，因此在学习过程中会不由自主地走神。

以上是孩子上课走神的几大常见原因，为了更好地"对症下药"，家长可以争取老师的配合，建议老师试试以下方法。

课前热身，提提神

上课前，为了让学生更好地集中注意力，可以利用简单的课前热身运动帮学生提神醒脑。例如，对于小学生，可以让其伴随诗歌或算术口诀做拍手游戏。对于初中生，则可以相应增加一定难度，可设计一个拍手或弹指的节奏，让其跟着做，每隔15~20秒变换节奏，让他们紧跟节奏的变化。对于高中生，可让他们做"交叉爬行"：让学生都站起来，排队向前进，高抬左膝，伸出右手摸向左膝，然后抬右膝，伸出左手摸向右膝，如此交替，持续1分钟左右。

随机抽查学生回答问题

在使用这个方法的时候，老师要与学生约定好提问的规则，问题可以与考试内容无关，可采取抽签或摇号的形式让学生回答，但需要注意的一点是所营造的课堂氛围应该是非竞争性的，要让学生相互支持，这样有利于学生踊跃参与回答，不会担心受挫或被嘲笑。

听词辨别方向

老师可设置游戏规则：念到有关水果的词，如荔枝、芒果、凤梨、榴莲、山竹、苹果、香蕉等，学生举左手；念到有关交通工具的词，如火车、汽车、轮船、自行车、飞机等，学生举右手。随机念一个词，看谁的反应快；对于反应慢的学生，可在第二天再对其进行随机抽查。

设置益智阅读图书角

老师在班级的图书角放置一些智力训练图书，如可以锻炼学生的观察力、注意力、记忆力的图书。这样，学生在自由阅读、练习的过程中，也可以提升其他能力，做到生活学习两不误。

总之，学生上课走神，老师很伤神，但是换个角度，做出小小的改变，或许就能扭转局面。

防止孩子上课走神，妈妈有妙招

快期末考试了，五年级的小宇放学回到家，妈妈问小宇，最近老师讲了哪些复习点，小宇一句"不知道"把妈妈气得够呛。妈妈说："那你平时上课都干什么了？"

小宇说："听课啊。"

妈妈压住内心的怒火说道："那为什么你连老师说的复习要点都不知道？你别以为我不知道你上课走神了，老师都告诉我了！"

小宇说："你知道了还问我。"

小宇妈妈说："你看你之前第四、第五单元的测试卷，成绩退步那么严重，这样下去以后该怎么办呢？"

小宇没有回答，小宇妈妈却因为小宇上课走神及他对此事的态度而感到愤怒和焦虑。

其实，小宇妈妈担心的也是大部分家长所担心的问题。孩子上课不认真听讲，甚至连考试也走神，导致答错题或漏答题，这些问题如果没有得到及时纠正，不仅影响孩子现阶段的学习，对孩子未来的发展也非常不利。

怎么做才能解决孩子老走神的问题呢？以下几点建议可供家长参考。

给孩子准备一本便利贴

家长可以为孩子准备一本便利贴,并告诉他,这本便利贴是用来辅助学习的,让孩子首先用便利贴写下自己的学习目标,然后在复习的时候,将重点内容写在便利贴上。这样可以防止孩子上课走神。

孩子在家学习的时候,请保持安静

家长要从孩子小时候就养成不分散孩子注意力的好习惯,包括孩子在认真玩游戏的时候,也不要去嘘寒问暖。在孩子专心学习的时候,尽量清除干扰孩子学习的各种因素,例如调小客厅里电视机的音量。如果孩子在学习的时候,家长在一旁看电视,电视声音还开得很大,干扰到孩子的学习,那么久而久之,孩子就会养成分心走神的习惯。

同时,家长也不要在孩子认真学习的时候与他人聊天或谈话。而且,在家看的书尽量不要是报纸或杂志,因为对于低学龄段的孩子而言,容易将此误解为一种消遣。

为孩子的学习空间合理分区

家长可以为孩子的书桌做好区域规划,例如文具摆放区、试卷、习题存放区等。书桌上不摆放任何玩具、电子产品或课外书。另外划分区域之后,要对常用和非常用物品进行区分。书桌前方可粘贴与学习相关的挂图。简洁有序的学习桌面,可避免孩子在学习过程中提出各种分心的"借口",例如橡皮擦找不到要去买等。对于自制力不强的孩子来说,没有进入学习状态是导致分心的最大因素。

巧用游戏法

21天学习计划法

家长可以给孩子制订一张任务表，让他根据作业任务的轻重缓急，填上每天的学习计划、完成时间等。

顺序	1	2	3
科目	语文	数学	英语
任务	复习课文后生字	完成一套数学试卷	抄写第一单元单词
时间	30分钟	45分钟	30分钟
是否已完成	☆☆☆☆☆	☆☆☆☆☆	☆☆☆☆☆

家长可对任务进行等级划分，孩子每完成一项任务，就奖励他一个五角星，完成较困难的任务，可获得两颗星。集满一定量的星，就能获得相应的奖励。这样既可以让孩子享受完成任务的成就感，又能改善孩子走神的情况。

抽签游戏

将一个阶段的学习内容，例如每个单元学习的重点知识制作成签子，在复习本单元内容的时候，摇一摇抽签筒，将抽到的签子上的内容念出来，并按照签子上面的要求去完成学习任务。

巧用训练法

"舒尔特表"训练法

如右图,画一个5乘5的正方形表格，然后让别人把1至25的数字，不按顺序随意地填在这25个小格子中。参与训练者须按照从小到大的顺序依次找出这25个数字。每次须记下排好25个数字所用的时间，然后通过不断训练，缩短排序所用的时间，提高注意力水平。

7	12	15	9	3
11	20	23	17	6
25	4	1	21	24
18	14	22	13	10
2	19	8	16	5

> **数字听写训练**
>
> 随意念出一串数字，让孩子在听完之后凭记忆写下听到的数字。
>
> 例如，家长念5289367，孩子就重复它，并将其写在纸上。可以从七位数字练起，当你感觉孩子完成得不错，便升到八位或九位，当升到十二位后，即可停止升位。每天只能升位一次。这个游戏每天玩8分钟左右，坚持一个月，效果会相当不错。

以上方法适用于各年龄段的孩子，即便是成年人，也可以用它改善自己走神的情况，从而提高工作效率！

做事拖拖拉拉，1个小时的作业，3个小时都搞不完

星期一早上简直是家长的噩梦时间。鹏鹏每到周一要去幼儿园的时候，就会想尽各种办法拖拉。妈妈叫他起床，他不仅会假装没听到，还会有"起床气"。妈妈让他自己换衣服和刷牙，他站在盥洗池前闭着眼睛，打开水龙头，却迟迟不动手。鹏鹏妈妈听到水声一直没停，走过去看到这种情景，不得不让他张开嘴，帮他刷牙。紧赶慢赶，妈妈终于在规定的时间内将鹏鹏送到了幼儿园。

哲哲也有类似于鹏鹏的拖沓的毛病。作为小学一年级的学生，每天放学回家后，哲哲第一件事就是打开电视看动画片，一直看到吃饭时间。吃完饭后，在妈妈的多次催促下才去写作业。但一坐在书桌前，哲哲便如坐针毡，想尽各种办法离开书桌。例如只写了10分钟作业就要喝水；喝水后没到半小时又要去洗手间；去洗手间回来之后又说肚子饿，要吃点零食。在整个学习过程中，他认真学习的时间不会超过半小时，但是各种中断学习的行为的时间却长达半个多小时。

孩子做事拖沓，是极为考验父母的耐心的，并且容易耽误事，部分家长在看不下去的时候，会选择为孩子代劳，例如孩子写作业太慢了，两三个小时都没写完，有的家长会直接帮孩子把作业写完。任务虽然是完成了，但孩子做事拖沓的习惯非但没有得到及时纠正，反而被滋长了。

为避免孩子做事拖沓，家长不妨试试以下几个办法。

和孩子一起制订生活及学习计划表

孩子做事拖沓，很大一部分原因是孩子没有时间观念，对完成一件事情所需的时间没有概念。所以家长可以和孩子一起制订一个计划表，将每天的任务及事项清晰明了地列在表格中，例如起床后需要做什么事情，完成这件事情需要多长时间等。

这样做是为了让孩子了解在一段时间内到底都能做什么，通过细化时间安排，让孩子逐渐形成时间观念并发现时间其实并不宽裕，当孩子有了紧迫感，做事就不会再磨蹭了。而多出的时间让孩子自由支配，这对于孩子来说算是一种奖励，为了得到奖励，孩子也会加速完成任务。

需要提醒的是，在制订计划表的时候，要充分考虑孩子的身体与心理年龄，不可盲目追求完成速度，否则容易导致孩子总是不能按时完成任务，这样孩子会在失败中变得越来越自卑。

到时立即叫停

规划好孩子每天的时间表后，家长必须严格执行，例如玩游戏或看电视这类活动，必须在规定时间内结束，假如超时未停止的，家长有权立即叫停。假如孩子不听从安排，则要接受相应惩罚，例如禁止玩游戏两天，同时这两天要严格按照时间表的安排做事。

少一些怒火，多一些鼓励

有时候孩子做事情磨蹭，有的脾气急躁的家长会忍不住对孩子大呼小叫。面对家长突如其来的责备，有的孩子当下可能会收敛一些，但过后又继续变得磨蹭。一方面是孩子看到家长生气后会开始分神，情绪变得浮躁，导致事情越做越差；另一方面孩子会因为家长的怒气而产生抗拒心理，甚至会出现叛逆和对抗行为。因此，面对孩子磨蹭，家长要控制好自己的情绪，一定要收起怒气。当孩子做某一件事做得很快时，一定要及时给予表扬，多表扬也是为孩子增加动力的一种方式。

让孩子适当承担磨蹭的后果

如果孩子没有时间观念，也没有承受过因为磨蹭而导致的不良后果，那么他就不会对此产生恐惧。有时候，成长需要付出代价，所以当孩子在做某件事情特别磨蹭的时候，家长不妨试试在孩子磨蹭时选择放任。比如早上赖床，那就让他多赖会儿，吃饭磨蹭那就让他慢点吃。当他磨蹭做完应该做的事后，到学校发现自己迟到了，看到所有的小朋友都坐得整整齐齐，而他才进教室，心里一定会感到慌张和不好意思。

孩子做作业、做事情磨磨蹭蹭的问题很常见，作为家长，一定要找到适合、恰当的应对方法，控制好自己的怒火，多给孩子一点鼓励和包容，慢慢引导孩子向好的方向转变。有时家长的脚步太快了，不妨放慢脚步等等孩子，考虑一下他的感受。孩子是需要鼓励的，越鼓励越积极，同时也要让孩子知道后果，才能知错就改，并让孩子体会到不拖拉的好处，他才能继续坚持。

粗心大意，不该错的总错

爱因斯坦曾说过："一个人所取得的成就取决于他性格上的优秀，而构成一个人优秀性格的，往往是他日常生活中的一个个好的习惯。"

> 快到期末考试了，大家都在全力以赴地进行复习。一天晚上，昊昊的妈妈检查完他的作业后，火冒三丈，差点爆发。
>
> 在昊昊的习题上出现的几处错误都是因为粗心造成的。如写语文作业时，把"身体"写成了"生体"，"午餐"写成了"牛餐"。当妈妈翻到他的数学作业时，发现数学作业的纰漏也不少：30+7=3，忘了写个7；5-4=9，计算符号看错了。其实这样的低级错误昊昊平时经常犯，妈妈反复念叨让昊昊细心检查作业，也毫无帮助。
>
> 启文与昊昊同班，是全班第一名，他倒不会像昊昊一样在写作业的时候犯低级错误，但他数学难题都会做，简单的题却常常做不对。更严重的是，启文在做试题的时候，居然还会漏题！这让启文的妈妈和数学老师都十分抓狂。

面对孩子们的这种因"粗心"而犯的错，家长们能做的就是反复叮嘱孩子做事情要细心、不急不躁。但通常不管怎么叮嘱，孩子该咋样还是咋样。

那要如何解决孩子粗心大意的问题呢？

首先，家长得知道孩子粗心大意的原因是什么。孩子粗心大意的常见原因有以下几点：

1. 视觉辨别和视觉记忆能力不强，容易把形状相近的内容看错。
2. 注意力不够集中，心在此而意在彼。
3. 基础不够扎实、知识点掌握不好造成认知不清、答题技巧不熟练。
4. 任务太多，孩子心急，导致粗心。
5. 思维能力造成的审题不明。
6. 因个性造成的粗心倾向。
7. 家长、老师不良的心理暗示。

针对以上情况，家长应该怎么办才能帮助到孩子呢？

多一点耐心，多一些鼓励

面对孩子的粗心大意，家长常常会忍不住批评，但一味批评不仅不能解决实际问题，还会打击孩子的自尊心。因此家长要拿出更多的耐心，帮助孩子找到"粗心点"，千万不要瞎指挥、乱批评，更不要期望一蹴而就。

给孩子准备一本错题本

对于做作业粗心大意的孩子，家长不妨为孩子准备一本错题本，专门用于记录做错的题目，并帮助孩子分析问题的症结所在，找出其中的规律。这个方法有利于帮助孩子认识粗心大意的危害，提升孩子改正粗心缺点的自觉性。

要避免做作业疲劳

有些孩子，写作业时会出现两个极端：前半部分写得很好，正确率很高，但到后半部分却字迹潦草，错别字很多。很多家长会认为这是孩子粗心大意造成的，其实这是疲劳所致。如果疲劳不能恢复，粗心问题就难以纠正。对此，家长应根据孩子的情况，适当地安排好孩子的学习和休息时间，劳逸结合，让孩子有足够的精力和耐心去完成作业。

不要轻易给孩子贴上"粗心大意"的标签

千万别因为孩子粗心大意，就整天指责孩子，给他贴上"粗心大意"的标签。因为时间长了，孩子内心接受了"粗心大意"的标签，再来进行纠正就更难了，甚至孩子还会以自己粗心大意为理由，跟大人进行对抗，或者干脆自暴自弃。孩子粗心大意，在不该出错的地方老出错的时候，家长应该及时指出孩子的错误之处，同时告诉孩子，每个人都可能会因为一时粗心犯错误，因为没有人是完美的，但只要足够仔细，就能减少这种错误的发生——千万不要让粗心成为孩子犯错误的借口。

培养孩子的责任心

　　研究发现，缺乏责任心的孩子，做事情常常应付了事，很容易做不好。要培养孩子的责任心，家长必须身体力行，即要求孩子做到的事情，家长自己必须首先做到。有家长作为榜样，长期坚持下来，孩子的责任心会大大增强。同时，当孩子有能力承担起自己的责任的时候，家长也要懂得适时放手，给孩子机会学会为自己负责，并通过日常生活中的小事，不断地训练孩子为自己的行为负责，为自己的学习负责。孩子只有认识到了自己肩负的责任，才会更加认真地做事和学习。

　　因此，要改变孩子粗心大意的毛病，家长可以从生活着眼，从小事做起，努力帮孩子养成好的习惯。有了好习惯，才能减少孩子在学习中粗心现象的发生。

丢三落四，不是找不到这个，就是找不到那个

　　彤彤今年上一年级。有一天放学妈妈去接她，她见到妈妈的第一句话就是："你昨晚没有帮我把铅笔盒装在书包里，害我今天上课没有文具，被老师批评了。"

　　妈妈听了彤彤的"控诉"，牵着她的手，问她："宝贝，你觉得这件事是妈妈的错吗？是妈妈丢三落四导致你被老师批评，所以你感到不高兴吗？"

　　彤彤回答："是妈妈没有提醒我收好文具盒。"

　　彤彤妈妈说："宝贝，文具盒是你的学习工具，你每天完成作业后，收拾书包的时候是否要检查一下呢？"

　　彤彤说："当然需要呀。"

　　彤彤妈妈又说："那妈妈提醒过你要整理好自己的物品吗？"

　　彤彤回答道："提醒过啊，但我还是忘记了。"

其实，很多孩子都有丢三落四的毛病，无论家长提醒多少次，甚至为此惩罚过他，之后还是会犯类似的毛病。常常丢三落四的孩子不一定是天生忘性大，而很有可能是注意力不集中。同时，通过彤彤的案例我们能够发现，彤彤把没拿铅笔盒的责任推给了妈妈，认为是妈妈不尽职导致自己挨了批评，这是因为彤彤对自己的责任还认识不清，对于这种情况，家长需要平日对孩子进行引导，划分好大人和孩子的责任界限，明确彼此的责任，最终改变孩子对大人的依赖心理。

如果你家的孩子也有彤彤这样的问题，可以尝试通过以下方法来帮助孩子进行调整。

建立条件反射

日常生活中的所有"连接"都是我们在过往通过每天多次的重复在意识中形成的条件反射，例如出门要带钥匙和钱包，进门要换拖鞋，睡前要刷牙洗脸等。对于刚入学的孩子而言，学习管理自己的学习用品的条件反射还没有建立，丢三落四太正常不过了。

为了让孩子形成条件反射，家长可以每天和孩子一起准备学习所需的物品，而不是代劳，在多次重复之后，孩子就会逐渐形成习惯：一说到上学，他就会条件反射性地想到文具；一说到放学，就会想到完成作业……一旦这个基础变得稳固，在这个基础上附加的事物就会变得容易记忆，孩子需要的帮助也会越来越少，直到能够完全自理。

当家长觉得差不多了就可以放手让孩子自己准备，等孩子睡觉后再偷偷查看他做得怎么样，要是发现他遗忘了东西，第二天早上可以用不伤害他自尊心的语言提醒他再做一次准备。

做事拒绝拖延

人之所以会养成丢三落四的习惯，有时候是因为我们心里想着"过一会儿再做"。例如，有的孩子做完作业之后很开心，于是还没将作业放入书包，就立即转身跑去玩了。到第二天要交作业的时候，才发现自己没带作业。孩子的注意力很容易分散，常常会被别的东西吸引，导致忘了自己原本应该做的事情。因此，要让孩子养成这样一个好习惯：做完一件事以后马上物归原位，这样就不容易落东西了。

帮孩子分清事情的轻重缓急

孩子放学回到家里，要面临先玩还是先看书的问题，如果没有大人的引导，他会首先做对他来说此刻最想做的事情，通常就是玩耍或看电视，而不是做作业。一旦孩子玩高兴了，其他的事情就容易忘了。如果他丢三落四是因为他弄错了事情的排序，家长就要帮助他建立正确的认知：重要的事情先做完。

例如，让孩子将每天要完成的事情写下来贴在明显的地方，每完成一件划掉一件，这会让他内心越来越清爽和充满成就感。还可以给他一本专用的小日历或台历，让他自己在上面写下计划或备忘录。

一个黄金教育时机胜过一万次唠叨，家长千万不要以为孩子小就不需要做计划，其实一个人开始做计划的时间越早，人生就越容易获得成功。

一问三不知！妈妈心好累

每次放学回家，舟舟妈妈和舟舟说的第一句话就是："儿子，今天上课老师讲了什么内容？"

"不知道"是舟舟使用频率最高的回答，但是舟舟妈妈不放弃，紧接着又问："你今天都和谁一起玩了？""中午在学校吃了什么？"但等来的还是舟舟回答的"不知道"。

舟舟妈妈想让舟舟好好回忆一下这一天在学校里的生活，但他总是一问三不知。对此，舟舟妈妈觉得很奇怪，儿子到底是真不知道还是假装不知道？他是不是智力有问题？

云云妈妈也常在接云云放学的时候和她聊天，比如她看云云很开心，就会问："云云，你今天看起来很开心，快和妈妈分享一下吧！"于是云云便会滔滔不绝地说起在课堂上发生的趣事。

通常当她讲完后，云云妈妈会积极地回应道："太有趣了。妈妈还想知道老师今天都教给你什么知识了，你再给妈妈讲一讲吧。"于是云云又高兴地讲起了当天所学的知识。

云云与舟舟形成了鲜明的对比，云云就是传说中"别人家的孩子"，而舟舟就是典型的"一问三不知"的孩子。

为何有的孩子"一问三不知"？

孩子"一问三不知"的原因有很多，例如心情不好的孩子就不愿意说话；没有主见的孩子就习惯以"不知道"来回应家长的问题……另外，如果家长提出的问题太抽象或笼统，超出了孩子的认知程度和理解范围，孩子也只能说"不知道"。也有孩子因为担心说出答案后不被接纳，甚至被批评，也会回答"不知道"。

还有一种原因，就是孩子注意力不集中，也会出现"一问三不知"的现象。就像舟舟，有可能是上课没有认真听课，所以老师教授的内容他肯定"不知道"。

因此，面对"一问三不知"的孩子，家长不要急于批评和责骂，而应先接纳孩子的现状，弄清楚他"一问三不知"的原因，再对症下药。

试着改变与孩子交流的方式

很多家长在与孩子交流的时候，一开口就质问孩子，例如盘问孩子当天的授课内容或有无违反纪律。对此，孩子多半会以"不知道"来回答。其实，换种方式沟通，会得到截然不同的答案。要想让孩子畅所欲言，就要改变与他交流的方式，即以关心孩子本身，而非孩子的学习为交流的切入点，尽量以诸如"你今天过得快乐吗""哪节课让你最开心""有没有发生有趣的事""和同学玩得愉快吗"之类的开场白拉开交流的序幕。

解决问题前要先表达对孩子的接纳和包容

听到孩子回答"不知道"，先别着急训斥孩子。我们要先接纳孩子，再用平和的态度引导他，比如可以对他说"你所说的'不知道'，是不清楚我的问题，还是真的不知道答案""妈妈很想了解你的想法，可以再多说一些吗"等。通过家长不断地引导，孩子就会慢慢敞开心扉。即使孩子因注意力不集中而无法回答我们的问题，他也会真诚地告诉我们原因。

学会运用提问的技巧

有些孩子没有主见,当你问他中午想吃什么、周末想去哪里玩时,他都会回答"不知道"。面对这类孩子,不妨给他几个选项让他做选择题。慢慢孩子就会有自己的主见。

另外还有一种情况,就是如果家长提问的问题不够具体,孩子也不知道如何回答,他就会多以"不知道"来回答。因此,在与孩子对话、提问的时候,要考虑孩子的年龄、理解能力和语言发展水平。比如,对刚上幼儿园的孩子,不要问"老师上课都教了什么",而要问"有没有学认字""你们今天是画画了,还是做手工了"。即使孩子一时想不起来今天到底做了什么,但听到如此具体的问题,说不定就能想起来了。

教孩子掌握一些听课的技巧

对于因上课注意力不集中而出现"一问三不知"现象的孩子,我们可以教他掌握一些听课的技巧。

比如,在孩子预习课文的时候,要让他了解课文的重、难点,让孩子带着疑问、目标去听课,这样效率更高,注意力也更集中;让孩子在上课的时候充分调动多个器官,用眼睛看、用耳朵听、用心思考、用嘴巴说、用手记,抓住老师讲课的重点;让孩子认真听老师在课堂上反复强调的内容,看老师的板书,并教会孩子在做课堂笔记的时候采用课本结合笔记本的方式,把对课文的分析和重点内容标记在课本上,把老师的板书、补充的内容记录在笔记本上。

只要孩子能做到这些,就一定可以集中精力去听课。做到这些后,我们再询问孩子关于学习的问题,他就会对答如流。

没有耐心，做事虎头蛇尾，经常半途而废

今年4岁的小颖做事总是三分钟热度。周末的上午，她说要玩积木，妈妈把积木拿出来，小颖堆了一半，有一个城堡堆不好，她气呼呼地说了一句："我不玩了。"然后扭头就走，留下个"半成品"在地上。

妈妈看着小颖搭起来的"半成品"，心想：应该好好鼓励一下小颖，让她继续搭下去。于是走到小颖身边，蹲下来与小颖交流："宝宝，你看，你好不容易搭建起来一个庄园，就差一个城堡了，如果你不继续搭建下去，是不是很可惜？要不然我们一起搭建，你看可以吗？"

小颖气呼呼地说："不行，我就是不搭了。"

之后小颖的妈妈又换了好几种方法试图说服小颖继续搭建城堡，但最终都失败了，且越是劝说，小颖就越暴躁。

为何会出现这样的状况呢？

一般孩子到了3岁之后，注意力的持续时间可达5分钟以上，如果孩子注意力集中的时间太短，则说明孩子缺乏耐心。

缺乏耐心的孩子一般有以下三种常见的表现：

1. 做事比较散漫。因为没有耐心，加上孩子在成长阶段自控能力较弱，没有纪律性，所以做任何事都是三分钟热度。

2. 依赖性较强。缺乏耐心的孩子主要表现为依赖性较强，当孩子在独立完成任务的时候，只要是自己完不成、做不到或得不到的事物，他就会立即向他人求助，试图期待通过他人的帮助来达成自己的心愿。依赖性较强的孩子，一般意志力都比较薄弱，长此以往发展下去，对孩子的成长非常不利。

3. 具有暴力倾向。暴力是孩子缺乏耐心的最大特征，例如在堆积木堆不好或无法堆成自己想要的样子时，他会第一时间拿积木出气，甚至出现情绪失控、打骂别人的情况。

面对没耐心的孩子，家长应该怎么进行引导，帮助他培养耐心呢？

不要分散孩子的注意力

当孩子全神贯注地在做一件事情时，往往是其最有耐心的时候，这时候不要去嘘寒问暖，分散孩子的注意力，尽量让他专注独立地完成一件事。长此以往，有助于增加孩子的耐心，提升他的注意力品质。

培养孩子的耐心不能一蹴而就，而要花大量的时间。在培养孩子耐心的时候，妈妈本身也需要对其进行耐心指导。

要让孩子有延迟满足的能力

所谓延迟满足，指的是孩子愿意为更有价值的结果放弃眼前的享受。现在的家庭普遍经济条件比较宽裕，孩子的需求很容易被家长满足，家长满足孩子的需求在孩子的印象中成了理所当然的事，一旦孩子的某个需求没有及时被满足，他就会失去耐心。因此，妈妈可以经常合理地延迟满足孩子的需求，慢慢地培养他的耐心。

适当地给孩子设定障碍

孩子在遇到障碍时往往会产生畏难情绪，然后表现出烦躁、失去耐心的症状。妈妈们可以适当地给孩子设定一些障碍，同时做好疏导和引导工作，让孩子逐一去解决障碍，这样有利于培养孩子的耐心。

养成亲子阅读习惯

家长可以试着和孩子一起阅读，以此来培养孩子的耐心。刚开始孩子可能会一边玩一边听家长读书，但只要能长期坚持，他就逐渐能从家长耐心读书的行为中受到启发和感染，慢慢变得更有耐心，愿意和妈妈一起读书。

通过益智类游戏培养孩子耐心

当孩子遇到自己喜欢的东西时，总会迫不及待地想要尽快获得，但欲速则不达，孩子急切的心情有时候反倒增加了获取的难度，导致孩子丧失耐心。家长在陪伴孩子的时候，可以在潜移默化中帮助孩子学会等待，引导孩子做事有始有终。亲子游戏就是一种培养孩子耐心的好方法，如走迷宫、拼图、搭积木等游戏，都需要有足够的耐心才能完成，游戏本身又充满趣味性，如果运用得当，可以有效地培养孩子的耐心。

明确具体的要求

要让孩子明确做事的目的，激发孩子产生集中注意力去完成目标的动力，促使孩子做事有始有终。

妈妈可以在平时多给孩子一些关注，在孩子不耐烦、想要转移注意力的时候，及时提醒孩子，让孩子把一件事坚持到底。

学习差点还能赶，班级活动不想参加是为啥

文文是小学一年级学生，平时在学校表现都还不错，但是一到班级活动他就不愿意参加。其实，他很想加入其中，但却总站在旁边看着别人玩，看得很投入，有时候还跟着笑。老师和同学邀请他加入游戏时，他往往都不愿意。但是每次回到家，他都会告诉妈妈，在这次活动中，大家玩的是什么游戏，哪个同学表现最好。

对此，文文妈妈感到很奇怪，他既然观察得那么仔细，为什么就是不参加活动呢？她还担心文文不融入集体生活，会影响他以后的社交。

在我们的印象中，孩子天真烂漫、充满童趣，都喜欢和同伴一起玩耍，喜欢参加集体活动，很容易融入集体游戏中。但在实际生活中，有一些孩子却不愿意参加集体活动，是他不感兴趣吗？不是的，不愿参加集体活动的孩子习惯以旁观者的身份站在一旁观察，但就是不参与。那为什么他们不参加集体活动呢？

害怕被拒绝，"脸皮薄"

一些性格腼腆的孩子"脸皮薄"，虽然很想参加活动，但是因为害怕与同学关系不密切而被拒绝，于是不愿意参加集体活动，只作为旁观者在一旁观看。

假如有同学主动邀请其加入活动，他们也是非常乐意参与的，但假如没有人主动邀请，他们则会继续扮演旁观者的角色。

缺乏安全感

不喜欢参加集体活动，喜欢在一旁"暗中观察"的孩子往往心思都比较细腻，考虑的问题比较多。这类孩子一般获得家人或老师的肯定较少，加之父母的陪伴较少，很容易缺乏安全感和自信心。所以，他们最擅长的是隐藏自己的想法和行为，不参加集体活动，以避免暴露自己的不足。此外，他们往往还会更愿意留在父母身边，这样他们会感觉更加安心。

孩子自我要求较高，怕犯错

当孩子看到感兴趣的事物或活动时，往往是非常乐意去参与的，因为孩子都拥有很强的好奇心，同时也很喜欢玩游戏。一些不喜欢参加集体活动的孩子，其实他们是担心在参加集体活动时，自己会因为没有经验而出错，所以他们一般会先在一旁观察别人是如何参与活动的，以此对活动多一些了解，保证自己在参与活动时不会出错。在他们没有一定的把握之前，往往还会继续观察而非尝试。

针对以上情况，家长该如何引导孩子加入集体活动呢？

给予孩子充分的理解，不强迫孩子加入集体活动

每个孩子都有自己的想法，家长不可因为孩子不参加集体活动就对其进行批评，而是要了解孩子的想法，对其进行正确引导。不参加集体活动的孩子通过站在一旁观察，可以了解到玩具的使用方法、游戏规则及其他小朋友的性格特点，这类孩子擅长整理信息，能够根据信息的整合，决定自己的下一步计划。很多喜欢观察别人的孩子往往内心细腻且思维缜密，只要培养方式得当，他们就能发挥出善于思考的优势。

让孩子知道参加集体活动的乐趣

对于因为害怕被拒绝而不参加集体活动的孩子，家长可以让孩子知道参加集体活动可以结交朋友，交朋友是一件愉快的事，因为朋友之间可以互相帮助还可以分享喜悦。还要让孩子明白，如果善于为他人着想，并且善于表达友好，那么在集体活动中就很容易收获友谊。

给孩子多一些陪伴和肯定，增加孩子的安全感和自信心

缺乏父母陪伴和肯定的孩子，一般比较排斥集体活动，因为他们缺乏安全感和自信心，所以不愿离开父母，或者因为害怕遭到拒绝才不愿参与其中。因此，家长应多花一些时间陪伴孩子，在日常生活中多给予孩子一些肯定，对孩子的进步或特长要给予及时的表扬，增加孩子的自信心和勇气。当孩子的安全感和自信心建立起来以后，他们就会更有勇气去尝试。

家长发挥带头作用

父母是孩子最信任且最好的老师，孩子如果不愿意参加集体活动，家长不妨在学校举行的亲子活动中率先尝试一下，然后告诉孩子这是安全的，同时让孩子看到参与活动的乐趣，这样孩子也就没有了顾虑，更容易迈出第一步。

家长可以教孩子如何在集体活动中介绍自己并和同学们表示友好，同时在集体活动中主动表达自己的想法。第一次孩子可能会有一些恐惧感，但当孩子迈出第一步的时候，家长要及时鼓励他，因为只要孩子有了第一次主动认识他人并一起游戏的经历，下次他们就会更加放松，以后也就用不着家长帮忙了。

专题 修炼自我，
做一个和善而坚定的家长

2019 年 4 月 17 日晚，上海卢浦大桥上，一位年仅 17 岁的男生因为被母亲责骂，拉开车门，从大桥上纵身跃下。母子从此阴阳两隔，母亲跪地痛哭。一个鲜活的生命就此消失，一个家庭就此破碎。

在和孩子相处的过程中，身为成年人的父母，常常会控制不住自己的暴躁情绪，对孩子进行言语或行为攻击，以此来发泄自己的怒气。调查显示，68.25% 的家长在孩子做错事时，难以抑制暴躁情绪，会打骂孩子。其中，48.41% 的家长能够在事后的自我反思中意识到打骂对孩子有消极影响，但下次却依旧控制不住。

上述案例中的母亲，如果能在与孩子相处的过程中，少一些责骂，多一些包容，少一些情绪发泄，多控制一下自己，亲子间的矛盾和对抗便会大大削弱，也许就不会发生这样的惨案。

我们虽然已经为人父母，担起了抚养和教育孩子的责任，但并没有专门的课程教我们如何去做孩子的父母，一切都是摸着石头过河。如何才能做一个和善而坚定的家长，是全世界的父母都需要修炼的功课，而子女成长的过程，也是父母人生中的二次生长。

想要孩子怎么做，你首先就这样去做

台湾作家龙应台对她的儿子安德烈说：

"孩子，我要求你读书用功，不是因为我要你跟别人比成绩，而是因为，我希望你将来会拥有选择的权利，选择有意义、有时间的工作，而不是被迫谋生。当你的工作在你心中有意义，你就有成就感。当你的工作给你时间，不剥夺你的生活，你就有尊严。成就感和尊严，给你快乐。"

我们都希望自己的孩子拥有足够的能力，让他能在未来得心应手，更上一层楼。但问题也正出在这里，我们总是以自己现有的眼界去插手孩子的人生、规划孩子的未来，却忘了孩子有他自己的人生轨迹，我们想给的未必是孩子需要的、想要的。

我们无法直接给予孩子幸福和快乐，我们能给的，是让孩子拥有幸福快乐的能力，而这些能力的成长，只和孩子的品格有关。

他有一颗好学的上进心，就不怕他学习不好。

他拥有爱的能力，就不必担心未来不会爱和被爱。

他是诚实和善良的，就不会在未来走上歧路。

……

这些优秀品格的形成，并非一朝一夕之事，而是来自每一天每一分每一秒孩子的生活体验，他们自己在生活中去观察、去行动，然后养成习惯，形成品格，影响终生。

喊破嗓子，不如做出样子。你想让孩子成为一个什么样的人，首先得让他在生活中看到这样一个榜样，他才能去观察、去模仿，最终形成他自己的信念和品格。

以尊重为前提，既有规矩，也有自由

中国的父母大多是权威的，在与子女相处的过程中，往往一不留神就不尊重孩子的意见，同时打着"为你好"的旗号自以为是。倘若我们能换一个角度，把孩子当作一个独立的个体，就像对待你的同事、好友一样对待他，那你平时对孩子做的那些事恐怕就不好意思再做了。

一个受到尊重的孩子，有过被尊重的感受和体验，就能自然而然地去尊重别人。尊重能让孩子收获自尊、自爱、自信等美好的品格。

而父母与一个自己尊重的对象沟通、相处，就更容易设身处地地从对方的立场考虑问题，即和孩子站在一起去面对问题、解决问题，而不是把自己的焦虑情绪传染给孩子。

仅有尊重是不够的，还需要立规矩，让孩子了解底线在哪里，哪些是他不可以触碰的，犯了错误该接受什么样的惩罚等。无规矩不成方圆，孩子了解了底线在哪里，规矩是什么，才能享有更多的自由。

必须谨记，规矩一旦确立，双方都要严格遵守和执行，不可因心软或愤怒而擅自改变规矩。

先处理情绪再处理问题

孩子犯了错、出现了问题，他其实只需要承担他原本应该承担的责任，去接受惩罚、改正错误，但事情的发展往往因为家长和孩子无法控制自己的情绪，而演变成亲子之间的大战，更把矛盾指向彼此，而非事件本身。

当家长面对犯错的孩子，又生气又失望的时候，应该怎么做才能控制情绪呢？

首先，生气也好，失望也罢，都是你的情绪的外在表现。在孩子犯错的时候，家长内心气恼和失望都很正常，但若因此而失去理智，将怒火倾泻到孩子身上，那这一定不是家长的本意。因为绝大多数家长在对孩子发泄怒火之后，都会心存愧疚。

有情绪是正常的，但我们要学会做情绪的主人，用更理性、更温和的方式去表达我们的情绪。

当你正处于愤怒的情绪中时，不要急着去宣泄，不如先独处一会儿，让自己冷静下来，让理智回归，然后再和孩子一起面对问题、解决问题。

你可以和孩子一起商讨一个能让彼此平静下来的方法，在愤怒的时候使用这种方法去平稳自己的情绪。而一个会合理表达自己愤怒的孩子，也一定是一个高情商的孩子。

坦然接受：孩子能力有差异

每个孩子都是独特的个体，他们在能力上是有差异的，作为父母，要勇敢地去面对并接受这个事实。回想一下自己的童年时期，是不是总有一些人特别聪明，学习能力特别强，成绩总是遥遥领先。家长首先要有接受孩子普通的勇气，才能正视问题，真正帮助到孩子。

但检视一下你和儿时伙伴的人生，造成你们人生差距的仅仅只是学习能力上的差异吗？并非如此，比起成绩，习惯才是最重要的。

作为普通人，大多数人的智商和能力都是差不多的，大家都站在同一个起跑线上，之所以差距会越拉越大，只因为习惯不同。

比如，一个坚持运动健身的人，身体素质一定比一个从不运动的人强。

一个坚持每天读书学习的人，他的学识和素养肯定优于从不看书的人。

……

这就是习惯的力量。一个个习惯就这样一点点地造就了人与人之间的不同，最终形成鸿沟般的差距。

对于孩子来说，爱整洁、爱阅读、爱学习、爱运动等好习惯，对他的成长都有莫大的助益。而要形成这样的好习惯，关键还要靠家长的言传身教——还是那句话，你想要孩子养成什么样的好习惯，你就首先去做给他看。

附录A

玩游戏，锻炼孩子注意力

这是什么声音

游戏道具

可以制造出不同声音的各种物品。

游戏方法

家长蒙住孩子的眼睛，利用不同物品制造声音，然后让孩子辨别是什么东西发出来的。也可以让孩子听熟悉的动画片、听不同家庭成员说话，让他来猜是谁在说话。

听字游戏

游戏道具

一篇文章，纸，笔。

游戏方法

家长选择一篇短文，挑选短文中一个出现较多的文字作为本次游戏要听的字。家长从头开始读短文，每当读到那个字的时候，孩子就在准备好的白纸上画一个"√"。家长读完全文后，数一下孩子画的"√"与正文中该字的个数是否一致。

可重复玩至孩子记录的"√"的个数与短文中该字的个数相同为止。

听写电话号码

游戏道具

一本电话号码本,一只秒表。

游戏方法

翻开电话号码本的任意一页,以较快的速度读电话号码,掐着秒表,在一分钟的时间内让孩子写下听到的电话号码。

提醒孩子认真听,时间一到马上停笔,然后由孩子核对号码本,看看写错了几个。

> 这个游戏不适合长时间玩耍,一般不要超过10分钟。为了提高游戏的趣味性,可以让家长和孩子一起听写电话号码。

开火车

游戏道具

无。

游戏方法

所有人(至少3人)围坐成一个圈,每人报一个火车站的站名。比如爸爸是北京站,妈妈是南京站,孩子是上海站。

爸爸拍手喊:"北京站的火车就要开了。"

大家一齐拍手喊:"往哪儿开?"

爸爸拍手喊:"往上海站开。"

然后,代表上海站的儿子要马上接着说:"上海站的火车就要开了。"

大家又齐拍手喊:"往哪儿开?"

儿子拍手喊:"往南京站开。"

然后,代表南京站的妈妈要马上接着说:"南京站的火车就要开了。"

"火车"开得越快越好,中间不要有停歇。

穿越警戒线

游戏道具

彩色的绳子或布条。

游戏方法

找一个比较狭窄的过道，或者利用家里的桌椅等家具，拉起绳子（布条），布置出一条条高低错落的"警戒线"，参与游戏的人需要穿过这些"警戒线"，但不能让身体接触到"警戒线"。

红黄牌

游戏道具

红牌，黄牌。

游戏方法

两人并排站立，认真听裁判的话，按他的说明举牌。

裁判说："举起红牌/黄牌。"大家举起手中的红牌/黄牌。

裁判说："放下红牌/黄牌。"大家放下红牌/黄牌。

裁判说："不要放下红牌/黄牌。"大家举起红牌/黄牌。

裁判说："不要不放下红牌/黄牌。"大家放下红牌/黄牌。

裁判说："不要不举起红牌/黄牌。"大家举起红牌/黄牌。

裁判说："千万不要不举起红牌/黄牌。"大家举起红牌/黄牌。

裁判说："举起双手，原地跳一下，放下红牌/黄牌。"大家举起双手，原地跳一下，放下红牌/黄牌。

裁判可以变换各种指令方式，让游戏充满变化和趣味。

胶带迷宫

游戏道具

彩色胶带。

游戏方法

设计一个迷宫地图，找一个比较空旷的场地，用胶带在地上把迷宫地图贴出来，让孩子从迷宫入口进去，从迷宫出口出来。

如果不方便玩胶带迷宫，也可以直接在纸上玩，效果也不错。

找到那张牌

游戏道具

3张不同数字的扑克牌（不要花牌）。

游戏方法

把3张牌正面朝上并排放置于桌上，让孩子选择其中一张牌，并盯住这张牌。家长把扑克牌依次翻至背面朝上，然后随意更换3张牌的位置，停止后让孩子说出刚才选择的牌是哪一张。

如果孩子说对了，就赢了，下一次便由家长来记牌，孩子来出牌。

随着孩子游戏能力的提高，可以逐渐增加牌的数量、变换位置的次数和速度。

扑克牌配对

游戏道具

一副扑克牌。

游戏方法

抽取几张扑克牌，横着从中间剪成两半，然后把剪好的扑克牌背面朝上摆放整齐。

让孩子一次翻开其中两张，如果是一样的，可以取出来。如果牌不同，则放回去，游戏继续。直到所有的牌配对成功。

我是模仿达人

游戏道具

一些肢体动作或表情较为明显的图片。

游戏方法

每次拿出一张图片给孩子看几分钟，然后把照片收走，让孩子通过回忆模仿图片中的动作或表情。

萝卜蹲

游戏道具

无。

游戏方法

将游戏成员分成人数相等的三组,一组代表红萝卜,一组代表白萝卜,一组代表黄萝卜。由裁判员喊口令,例如:"红萝卜蹲,黄萝卜蹲,白萝卜不蹲。"喊哪一组蹲,哪一组就要快速蹲下。喊另一组蹲,前一组的孩子就要快速站起。未按口令做动作的孩子算失败。

为避免孩子因畏惧失败而拒绝游戏,可以设置有趣的惩罚措施,淡化竞争色彩。

高个矮个

游戏道具

无。

游戏方法

家长示范,两手上举,脚尖踮起代表"高个"。两腿半蹲,两手扶膝像扎马步代表"矮个"。

家长发令:"高个",孩子就两手上举,踮起脚尖。

家长发令:"矮个",孩子就两腿半蹲,两手扶膝,蹲马步。

没有立即做出正确动作算失败。

为避免孩子因畏惧失败而拒绝游戏,可以设置有趣的惩罚措施,淡化竞争色彩。

小西瓜大西瓜

游戏道具

无。

游戏方法

事先规定好：双手比画大圆就是大西瓜，比画小圆就是小西瓜。

参与游戏的人站成圈。家长指定一个人当排头，说"大西瓜"，但两手比成小西瓜的样子；接着第二个人说"小西瓜"，但两手比成大西瓜的样子，依次直到最后一个人。如果谁言行一致，说大西瓜比画了大圆，或者说小西瓜比画了小圆，就算失败。

对旗语

游戏道具

6面不同颜色的旗子。

游戏方法

在游戏前，规定每一面旗子代表一个动作。如：红旗代表拍手，绿旗代表向前一步，蓝旗代表向上跳等。

裁判员任意举起一种颜色的旗子，让孩子做出相应动作。在旗子举起两秒后没做出动作或做错的人，都算失败。如此反复练习。后期还可以逐渐增加旗子的数量，让游戏更复杂有趣。

传悄悄话

游戏道具

无。

游戏方法

游戏需要至少3个人参与,可以让孩子在中间做传话人。A首先小声地告诉孩子一句话,如"我的包里有一盒彩笔,但没有画本",然后让孩子用悄悄话的形式告诉第三个人,看看孩子能否把话传对。

可以根据孩子的表现来调整悄悄话的内容和长度。

故事接龙

游戏道具

无。

游戏方法

所有人围坐成一圈,选择出第一个人,让他给故事设计一个开头,如"我要去度假,我正在收拾行李。我要带着我的行李箱。"下一个人重复他说过的这句话,并添加一个新的句子。如果有人说漏或说错一个词,就算出局。能够不犯错误地讲故事的人就是赢家。

找积木

游戏道具

若干块颜色不同的积木，有一组抽屉的柜子。

游戏方法

把积木放在柜子前，由家长发出指令，如"请把红色方形积木放进第三个抽屉"等。等孩子把积木放完之后，家长再让孩子一个一个地把积木找出来，如"请找出红色的方形积木"。

可以根据孩子的能力酌情增加积木数量。为了提高孩子的积极性，家长可以和孩子互换角色来玩这个游戏。

记忆大师

游戏道具

一本图案丰富的绘本或一张图画。

游戏方法

选出一个人做裁判，其他人盯着图案看60秒。时间到了之后，裁判收回图片，并根据图画上的图案对其他人进行提问，例如：

图片里有什么食物？

每种有多少个？

看到了什么颜色？

每答对一个问题，可以得1分。谁得分最高谁就是赢家。

找不同

游戏道具

书桌及书桌上的常见物品若干。

游戏方法

整理好孩子的书桌,在书桌上放好你想放的物品,让孩子注意观察。让孩子离开一会儿,家长改变书桌上物品的摆放方式,或者替换掉一些物品、拿走一些物品,然后让孩子回来,让他说出现在书桌上的物品跟原来有什么不一样。

还可以让孩子把书桌上的物品恢复成原来的样子。

也可以由家长和孩子一起玩,两个人同时写出变动物品的名称,以增加游戏的趣味性。

为增加游戏的难度,书桌上的物品数量也可以酌情增加。

魔术杯

游戏道具

不透明的塑料杯子3个,硬币1枚。

游戏方法

把3个杯子倒过来,把硬币放在其中一个杯子下面,确保孩子知道它在哪个杯子下面。然后移动变换杯子的位置,再询问孩子硬币在哪个杯子下面。

家长和孩子可以轮流移动杯子,让对方猜答案,以增加游戏的趣味性。

谁不见了

游戏道具

几个特征区别明显的玩具。

游戏方法

把准备好的玩具摆放在桌上,让孩子快速说出玩具的名称,并记住。然后让孩子闭上眼睛,家长拿走其中的一个玩具,再让孩子睁开眼睛,问他:"什么东西不见了?"看看孩子能不能回答出来。

如果孩子表现不错,可以一次性拿走几个玩具,让孩子回忆哪几个玩具不见了。为了提高孩子的积极性,家长可以和孩子互换角色来玩这个游戏。

丢失的物品

游戏道具

铅笔、钥匙、弹珠、硬币等各种小物品。

游戏方法

将铅笔、钥匙、弹珠、硬币等小物品摆放在一个托盘里,让孩子观察并记住。然后用一块布严实地盖住托盘,让孩子说出或写下托盘里的物品名称,看看孩子能记住几个。

也可以让大家一起写出物品名称,以增加游戏的趣味性。

为增加游戏的难度,托盘上的物品数量可以酌情增加。

画路线图

游戏道具

白纸和笔。

游戏方法

跟孩子出去散步的时候,把沿途的建筑一一指给孩子看,如超市、幼儿园、药房、公园等,并让孩子回家后把散步时的路线图画下来。

孩子画图的时候,家长也一起画,最后比较一下两人的路线图,看谁画得准确。路线的难易程度可以根据孩子的能力来调整。

数青蛙

游戏道具

无。

游戏方法

家长先教会孩子如何数青蛙:

一只青蛙一张嘴,两只眼睛四条腿,扑通一声跳下水。

两只青蛙两张嘴,四只眼睛八条腿,扑通扑通跳下水。

三只青蛙三张嘴,六只眼睛十二条腿,扑通扑通扑通跳下水。

……

说到这里,让孩子自己总结出规律,再让孩子开始数青蛙,看看孩子能数到几只青蛙。

这个游戏难度相对较高,适合上小学的孩子玩。

连点成画

游戏道具

临摹纸1张,线描图1幅。

游戏方法

把临摹纸铺在线描图上,在临摹纸上用小点把线描图的线条关键处标出来,并按一定的顺序给所有的小点标好序号。

让孩子把这些序号按顺序连接起来,这样一幅线描图就成功了。

快速举手

游戏道具

家长准备一些与家具、家电、学习用品等有关的词语,写在纸上。

游戏方法

家长念纸上的词语,每当念到电器时,孩子需要立刻举起右手,念到学习用品时,孩子需要举起左手。

如果孩子做对了,就赢了,下一次就由孩子来说词语,家长来举手。

对拍手

游戏道具

无。

游戏方法

家长与孩子面对面坐好,刚开始玩的时候由家长来喊口令,一边喊口令一边按口令做动作:

拍手,拍右手(自拍一下,然后伸右手,与孩子伸出的右手对拍)。

拍手,拍左手(自拍一下,然后伸左手,与孩子伸出的左手对拍)。

拍手,拍手背(自拍一下,并伸出双手手背与孩子伸出的双手手背对拍一下)。

拍手,拍手心(自拍一下,并伸出双手手心与孩子伸出的双手手心对拍一下)。

在游戏中要尽量避免或少出错误,等到熟练之后,还可以加快拍手的速度或增加自拍和对拍的次数。这样会让游戏更有挑战性,更能激发孩子的兴趣。

手指爬梯

游戏道具

无。

游戏方法

孩子两手放在胸前,先左手拇指与右手食指尖相连,然后左手食指和右手拇指往上爬,两指尖在上面相连,接着又是左手拇指与右手食指往上爬,两指尖在上面相连。这样依次反复往上爬,爬到头顶再往下爬回。孩子熟练后可增加难度,如左手拇指与右手中指尖相连,左手拇指与右手小指尖相连等。

挑雪糕棒

游戏道具

10支左右的雪糕棒（可用筷子或大小相当的小木棍代替）。

游戏方法

将所有雪糕棒随意地散落地面上，并保持一定的密度。所有的参与人员用"石头、剪子、布"的方式决定游戏的顺序。

第一个玩的人将散落一边的单棍捡起，作为工具来挑出堆积在一起的雪糕棒。注意，在挑雪糕棒的时候，不能触动其他的雪糕棒。每挑出一根雪糕棒得一分。如果触动了其他雪糕棒，就暂停游戏，让第二个人来挑雪糕棒。

看看最后谁挑出的雪糕棒最多。

球不能掉下来

游戏道具

乒乓球拍1只，乒乓球1个。

游戏方法

让孩子用球拍托着乒乓球在设定好的场地中行走，要求乒乓球不能掉下来。期间家长可以在孩子身边捣乱，如做鬼脸或用其他肢体动作来干扰孩子，但不能碰到孩子。如果孩子能保持球不掉下来，就算赢。

为了提高孩子的积极性，家长可以和孩子互换角色来玩这个游戏。

我是木头人

游戏道具

无。

游戏方法

选一个人来喊口令，其他人按口令指示行动。游戏时要喊口令"一二三，木头人"。喊"一二三"时，众人随意行走，当喊到"木头人"的时候，众人要停止动作，保持一动不动，谁动了就要接受惩罚，退出游戏。游戏反复进行，直到剩下一个人为止。

为增加游戏难度，后期还可以安排人在"木头人"面前做鬼脸来逗笑他们，看谁能坚持不动最久，谁就是获胜者。

抓耳抓鼻

游戏道具

无。

游戏方法

孩子站成一排，由家长来喊口令，孩子来做动作。

家长喊"1""2"，孩子两手在胸前按口令节拍击掌两次。

家长喊"3"，孩子用左手食指与拇指抓住鼻子，右手与左臂交叉用食指与拇指抓住左耳。

家长再喊"1""2"，孩子依然按节拍击掌两次。

家长再喊"3"，孩子换成右手食指与拇指抓住鼻子，左手抓住右耳。

这样反复变换，如果孩子在听到口令后 2 秒内没有做出动作，或动作不对，都算失败。

拔"孔雀毛"

游戏道具

彩色皱纹纸纸条若干（按参与游戏的人数准备，每人一条）。

游戏方法

请一个人来当"孔雀"，把彩色皱纹纸纸条当作羽毛，塞在"孔雀"的衣服口袋里、系在腰上、绑在脚上、贴在背上等。

游戏开始前，家长给"孔雀"蒙上眼睛，让他在屋子中间原地转三圈。

家长下令"开始"，其他人就向"孔雀"靠近，趁孔雀不注意时拔"孔雀"身上的羽毛，一次只能拔一根。而"孔雀"可以用两手在身体四周挥舞，不让别人拔毛。如果其他人被"孔雀"的手碰到，就算失败，并失去拔毛的资格。

当"孔雀"的羽毛被拔光时，游戏结束。拔得羽毛最多的人获胜。

数字接龙

游戏道具

分别书写了1到10的10张数字卡片。

游戏方法

家长按顺序出示1到10的数字卡片，孩子逐一读出数字，了解数字的排列顺序，并记住。

然后，家长说出几个数，孩子接着往下数与家长一样多的数，如家长数"1""2"，孩子数"4""5"；家长数"5""6""7"，孩子数"8""9""10"。这个游戏适合年龄较小的孩子。

舒尔特表格

2	7	5
8	4	1
6	3	9

4	9	12	2
10	14	5	16
7	1	11	8
13	6	3	15

4	20	13	8	16
12	9	3	23	10
6	25	15	1	24
22	17	7	21	18
14	2	19	11	5

游戏道具

制作一个3×3表格，随机将1到9的9个数字填入表格。

游戏方法

让孩子按从小到大的顺序找到1到9每个数字的位置，然后再让孩子按从大到小的顺序找到1到9每个数字的位置。

家长随机说1个数字，让孩子找出来，或者说出指定位置上数字+1/-1后的数字。

随着孩子认数能力的提高，可逐渐加大难度，增加数字，制作4×4或5×5的表格。还可以根据孩子的情况调整随机说数字的速度及加减的难度。

标准的舒尔特表格是在一张方形卡片上画25个1cm×1cm的方格，格子内任意写上1到25的数字。

躲开数字5

游戏道具

无。

游戏方法

从1开始数数，凡是和5有关的数字包括5的倍数，都不能说出来，要用拍手表示。

找数字

游戏道具

一张白纸。

游戏方法

在白纸上写打乱顺序的1到100的数字，让孩子把次序混乱的数字依次找出并圈上。

家长可以记录下孩子找出所有数字所用的时间，方便以后再玩这个游戏时做比较。

为了增加游戏的趣味性，可以让孩子跟家长比赛，看谁能更快地按顺序找出所有数字。

弹钢琴

游戏道具

无。

游戏方法

聚会时，组织7个孩子排队站好，从1到7报数，每个人记住自己的数字，并明确该号码在音乐中所代表的音符。比如1是哆，3是咪。让孩子围坐成一圈，游戏开始。家长用简谱唱简单的调子，唱到哪个音，报相应数字的孩子就快速站起，待第二个音响时再立即坐下。在听到自己的音时不立即站起或者误站起的孩子记失败一次。

家长可用"12345671"和"17654321"试音，让孩子有所准备。所唱简谱应由易到难，逐渐加快。

投球入瓶

游戏道具

两个瓶口较小的玻璃瓶及几十个弹珠。

游戏方法

让孩子把弹珠放进瓶子里，越快越好。为了增加游戏的趣味，家长可以和孩子一起比赛。如果孩子进行得很顺利，可增大游戏难度，如选择瓶口更小的瓶子，或改用勺子舀弹珠来代替用手投放。

找相同

游戏道具

若干各种颜色、各种形状的积木。

游戏方法

家长拿出一块积木，让孩子找出同这个颜色一样的积木；或者家长在一堆几种不同形状的同色积木中拿出一块，让孩子找出同这个形状一样的积木；家长也可以同时拿出几块不同形状和颜色的积木，让孩子快速找出相同的积木。

点仿画

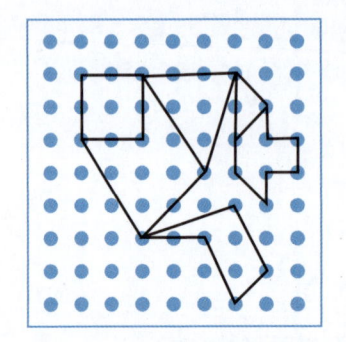

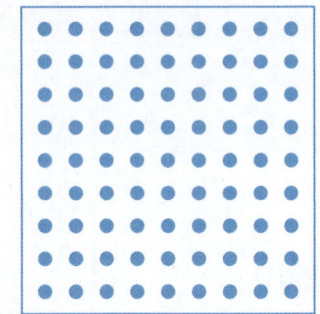

游戏道具

无。

游戏方法

根据已知的用点连接的图像，模仿连接出同样的图形。

样式可以多种多样，通过点与点之间的连接构成各种各样的图形，既可以是简单的数字，也可以是各种几何图形，还可以是各种动植物，难度高低不同，适合各个年龄段的孩子。

希望孩子养成什么样的好习惯,
你首先要做给他看。

能高度集中注意力的孩子,在做任何事情的时候,都能排除外界干扰,整个身心沉浸其中。